Jean-Pierre Colignon

Curiosités, jeux et énigmes de la Bretagne

Albin Michel

Ouvrage présenté
par Anne-Laure Schneider

Avant-propos

Le chauvinisme n'est jamais une marque d'intelligence... En revanche, on ne saurait reprocher aux natifs et habitants d'une région d'aimer passionnément celle-ci, de s'en revendiquer fièrement (sans pour autant se croire supérieurs aux autres). C'est le cas des Bretons et Bretonnes à l'égard de cette péninsule exceptionnelle qui s'élance vers l'Amérique.

« Ce n'est pas un cap, c'est une péninsule ! », lance un fameux personnage du théâtre français. La Bretagne, ce n'est pas une région, c'est un pays ! Non pas uniforme : la diversité des paysages, l'Armor, l'Argoat, les différences de climat (un Ligérien[1] de Pornichet ou de La Baule va mettre deux pulls pour se promener à Roscoff ou à Paimpol !), l'architecture distincte des maisons et des monuments, en témoignent très visiblement.

1. De la Loire ; aussi, aujourd'hui : de Loire-Atlantique, de la région administrative des Pays de la Loire.

Cet ouvrage est destiné à faire mieux connaître les Bretons et la Bretagne, par conséquent à les faire mieux aimer. L'auteur – lui-même très attaché à la région par des liens familiaux et par son implication dans des activités culturelles locales – ne se cache pas d'en faire la promotion, en attirant l'attention sur des sites d'exception, sur des curiosités que même nombre de Bretons méconnaissent, sur des inventions mises au point ici, sur des personnalités hors du commun, d'hier ou d'aujourd'hui. L'accent est mis, aussi, sur des productions régionales savoureuses comme sur des faits divers insolites.

Chacun l'aura compris : ce livre se veut instructif et distrayant, fournissant un très grand nombre d'informations aux lecteurs, qui y trouveront aussi des « espaces ludiques » : les jeux, disséminés au fil des pages, donnent lieu à des réponses commentées, elles-mêmes sources d'informations sur la Bretagne et les Bretons...

Jean Babouin et Jeanne Babouine

Les jumeaux restent parfois de marbre – c'est-à-dire de pierre – quand on leur parle... Il ne s'agit évidemment pas des aimables jumeaux que l'on rencontre à Pleucadec (voir p. 196). Non, il s'agit vraiment bien de mégalithes, réunis en couples.

Jean Babouin et Jeanne Babouine sont du type « couple à la Dubout », caractéristique de ce dessinateur humoristique qui représentait toujours un pauvre homme chétif dominé par une épouse massive à la stature de grenadier. Si « Jean », en effet, mesure environ un mètre cinquante, la dénommée « Jeanne » fait au moins le double...

Rien ne prouve que ces deux pierres comportant un visage humain très grossièrement sculpté soient d'époque ! Un « artiste » relativement proche de notre temps a pu ajouter ces traits maladroits.

C'est dans la forêt d'Hanvaux, du côté d'Elven et de Trédion, dans le Morbihan, que l'on peut voir ce couple peu harmonieux.

Dans la catégorie des « menhirs jumeaux », sur Belle-Île, à Sauzon, on fera la connaissance de « Jean et Jeanne de Runelo », lui fils de barde, elle pauvre bergère. Leur amour et leur projet de mariage déplurent au Conseil des druides, qui demanda aux sorcières de Borgroix de les muer en pierres...

Près de l'église de l'île de Sein se dressent deux blocs de pierre – qu'avec beaucoup d'imagination on peut assimiler à deux êtres humains. On les a surnommés *ar Bregourien* : « les causeurs ».

Des « porte-feuilles » géants !

La forêt de Paimpont, qui, rappelons-le, est assimilée à la fabuleuse et mythique forêt de Brocéliande, intimement liée à la légende arthurienne, est située en Ille-et-Vilaine, à environ trente kilomètres au sud-ouest de Rennes. On y situe évidemment un nombre considérable de lieux, de sites, se rattachant au roi Arthur, à Merlin, à Lancelot du Lac... Quelques arbres remarquables font partie des curiosités à contempler.

Ainsi : « le chêne à Guillotin »... qui n'a rien à voir avec le docteur Guillotin, lequel, pour adoucir le sort des condamnés à mort, proposa et fit adopter la « Veuve », la guillotine.

Non, cet énorme chêne pédonculé (neuf mètres soixante de circonférence), que l'on dit millénaire, aurait permis à un prêtre réfractaire du nom de Guillotin de se cacher dans son tronc sous la Révolution.

« Le hêtre de Ponthus » devrait son nom quant à lui, si l'on en croit la version la plus légendaire, à un chevalier venu de Galice (terre celte, en Espagne), au Ve siècle, pour pratiquer le commerce du fer et du cuivre. Il aurait fait naufrage sur les côtes du Morbihan avant d'être recueilli par un seigneur vannetais... Il serait ensuite arrivé dans la forêt de Brocéliande où il aurait rencontré le seigneur de Gaël et sa fille : Sidoine (ou Sydoine). Un mariage s'en serait ensuivi, conférant au Galicien le château de Barenton, dénommé alors « château de Ponthus ».

Avec l'ère de la calomnie

Poursuivons la légende jusqu'au bout : il aurait fait souche, fondant une dynastie de rois (?!) de Bretagne. À sa mort, il se serait métamorphosé, sur les ruines mêmes de son château (voilà donc une dynastie royale qui, sur place, aurait bien périclité !) en hêtre gigantesque, près de la fontaine de Barenton.

Une version également légendaire, mais « plus plausible » (!?), fait de Ponthus un des fils du roi de Galice, chassé de son pays par les Sarrasins. Ayant fui par la mer, il arrive à Vannes, où il est accueilli par le roi (?) de Bretagne. Il y rencontre Sidoine, dont il n'est pas dit si elle est la fille du souverain… mais c'est probable. Les deux jeunes gens se plaisent au premier regard.

Mais ne voilà-t-il pas que les Sarrasins veulent maintenant faire main basse sur la Bretagne ?! Ils débarquent à Brest… Une formidable bataille s'engage, où Ponthus fait merveille. Les envahisseurs sont mis en déroute et s'enfuient (enfin, les rares qui n'ont pas été tués, sans doute). En récompense, le monarque breton accorde la main de Sidoine à Ponthus, qui est nommé connétable. Tout irait bien et se terminerait comme un conte de fées… si un félon n'intervenait. Guennelet, gros jaloux et proche ami de Ponthus, le trahit en le calomniant gravement. Comme l'a très bien exposé un certain Beaumarchais, la calomnie fait très souvent de gros dégâts, et il en reste, hélas, des traces même quand l'innocent calomnié aura été lavé de tout soupçon : Ponthus est chassé de la cour.

Ce seul hêtre nous manquerait…

Le malheureux se réfugie dans la forêt de Brocéliande… durant sept ans. De quoi vit-il, quelles sont ses activités, comment se nourrit-il suffisamment pour rester en pleine forme... ? Mystère ! Pendant ce temps, le traître Guennelet a essayé de séduire Sidoine et d'obtenir qu'elle l'épouse. Échec complet !

Comme tout le monde doit savoir où vit Ponthus, Guennelet s'en vient le trouver et le défie dans un duel à mort. Le combat durera douze jours : au soir du douzième, Ponthus, encore plein de forces, tranche la tête de son faux ami. Cette victoire vaut reconnaissance de son innocence, et il peut revenir à la cour, reprendre son rang et épouser Sidoine ! Et, pour célébrer cette victoire sur le mensonge et Guennelet réunis, il fait planter un hêtre sur le lieu du combat : « le hêtre de Ponthus ».

Bien évidemment, d'autres versions circulent encore...

Cet arbre magnifique a été menacé d'abattage, à un certain moment, parce que des branches avaient subi le contrecoup d'intempéries. Fort heureusement, il n'en a rien été.

Charade[1]

Mon premier manque au tonneau des Danaïdes.
Mon deuxième est un philosophe et historien français.
Mon troisième est une particule.
Mon quatrième, familièrement, est un zinc.
Mon cinquième est une révolution.
Mon dernier est un poisson.
Mon tout est un lieu mythique du cycle arthurien.

Tracer son sillon au milieu des eaux...

Parmi les sites exceptionnels que présente la Bretagne, le sillon de Talbert est probablement un lieu unique en France. Il s'agit d'une chaussée étroite (au maximum : trente-cinq mètres de largeur) formée de sable et de galets, qui s'avance de trois kilomètres dans la mer, sur le

1. Voir les réponses à tous les jeux et énigmes à partir de la p. 213.

territoire de la commune de Pleubian (Côtes-d'Armor). On peut s'y promener à pied.

Étant donné ses coordonnées, le sillon est le point continental le plus septentrional (le plus au nord) de la Bretagne.

Cette curiosité naturelle se situe entre les débouchés du Trieux et du Jaudy, deux petits fleuves côtiers qui se jettent dans la Manche. La combinaison de la marée et des courants issus des deux fleuves est très probablement à l'origine de cette langue de sable et de galets qui s'avance dans les flots en suivant une direction nord. La réserve naturelle régionale du sillon de Talbert (RNR 182) couvre une superficie de dix-huit hectares. À marée basse, le sillon est alors entouré de ce que l'on appelle « un platier », de grande superficie, ce qui réjouit les pêcheurs à pied et les ramasseurs de goémon. L'exploitation des galets, elle, n'est plus tolérée, on s'en doute !

La flore est surtout représentée par le chou marin, ou crambe maritime, une espèce botanique strictement protégée. Aussi par le chardon bleu et par le radis maritime.

La faune ? Uniquement des « porte-plumes », autrement dit des oiseaux, puisque le sillon sert d'étape, de halte, à des oiseaux migrateurs. Des gravelots et des sternes s'y posent, voire y nichent.

Les esprits moins cartésiens pourront préférer attribuer à des récits légendaires la création du sillon. Selon l'un de ces contes, l'enchanteresse Morgane, cantonnée sur l'île de Talbert, aurait, pour rejoindre le roi Arthur, dont elle s'était éprise, jeté des cailloux vers le littoral. Ces cailloux se seraient mués en des milliers, des millions même, de galets formant une chaussée. Selon une autre légende, c'est Merlin qui aurait procédé ainsi, afin de rejoindre Viviane !

Il y a des brèches, dans cette histoire !

Comte des marches de Bretagne, peut-être neveu de Charlemagne, le preux Roland a péri, avec l'arrière-garde de l'armée de Charlemagne revenant d'Espagne, dans la vallée de Roncevaux.

Selon le moine et chroniqueur Éginhard, qui écrivit une *Vita Karoli Magni* (« vie de Charlemagne »), dans les années 830, des Vascons (des Basques)[1] en grand nombre attaquèrent l'arrière-garde de la puissante armée de Charlemagne. Mais le gros de cette armée était en avant, et les assaillants purent tailler en pièces les troupes de Roland, qui progressaient péniblement dans la haute montagne, gênées par

1. C'est le même digramme *V/B* qui explique l'insolite formule « parler français comme une vache espagnole », où il faut voir, en réalité, « comme un Basque espagnol ».

l'étroitesse de la vallée encaissée. D'autant que, si l'on en croit la fameuse *Chanson de Roland* – écrite quelque trois cents ans plus tard, vers la fin du XIe siècle –, Roland, par fierté et pour assurer le passage de l'armée, choisit de faire face seul avec l'arrière-garde et refuse de sonner du cor pour appeler à l'aide.

Dans la *Chanson de Roland*, le neveu de Charlemagne périt non en combattant des Vascons, mais des Sarrasins d'Espagne. C'est un traître, Ganelon, le propre beau-frère de l'empereur, qui s'est entendu avec Marsile, roi sarrasin de Saragosse. Ce dernier, menacé d'être attaqué par la puissante armée franque, fait dire à Charlemagne, qui a envoyé Ganelon en ambassadeur, qu'il se soumet et se rendra à Aix-la-Chapelle pour recevoir le baptême. En fait, c'est une fausse promesse, et, sur les conseils du félon – qui hait Roland –, Marsile prépare une immense armée en vue d'exterminer l'arrière-garde, dont on sait qu'elle sera commandée par le comte de Bretagne. C'est ce qui va arriver, puisque Charlemagne, croyant aux assurances du Sarrasin, renonce à attaquer Saragosse et décide de repasser les Pyrénées... Marsile, lui, croit qu'une victoire sans appel sur le valeureux Roland dissuadera les Francs de revenir le menacer.

Mortellement blessé, Roland sonne enfin du cor à s'en rompre les veines du cou, pour prévenir Charlemagne. Celui-ci, revenu, ne peut que s'incliner sur le corps de son neveu et des autres paladins – dont le vaillant Olivier –, tombés au combat. Avide de vengeance, Charlemagne poursuit l'ennemi, le massacre, prend Saragosse, et convertit au christianisme des dizaines de milliers de Sarrasins. Ganelon, convaincu de traîtrise, sera écartelé par quatre chevaux.

Le record du lancer d'épée

Selon la légende, la mythique épée de Roland, Durandal, lui aurait été remise par Charlemagne. Ce dernier l'aurait lui-même reçu, dans la Maurienne, des mains d'un… ange envoyé par Dieu, avec comme recommandation de la transmettre à un comte et capitaine.

Mourant, Roland ne veut pas que son épée tombe aux mains des Sarrasins. Il tente alors de la briser sur un rocher… mais c'est la roche qui se fracture ! C'est la fameuse « brèche de Roland », une entaille gigantesque – quarante mètres de large et cent mètres de long – s'ouvrant dans les blocs de rochers surmontant le cirque de Gavarnie. Que devint Durandal, alors ?

Le propre des légendes étant d'être foisonnantes et d'avoir de multiples versions, il est dit, par ailleurs, qu'après avoir invoqué l'archange saint Michel, Roland, agonisant mais retrouvant sans doute des forces, aurait lancé son épée dans la vallée. Si loin qu'elle aurait parcouru des centaines de kilomètres, pour venir se ficher dans le rocher de Notre-Dame de Rocamadour, dans le Lot.

Et là, l'affaire se corse. Car il y a bel et bien une épée ancienne fichée dans la muraille, à une quinzaine de mètres de hauteur, et que l'on considère, sur place, comme étant Durandal ! Avec l'aide prodigieuse de l'Archange, Roland aurait projeté son épée à quasiment six cents kilomètres de Roncevaux...

Les témoignages fluctuent énormément, car l'épée en question est une arme baladeuse ! En effet, des cartes postales censées dater des années 1900 montrent cette épée (... ou une autre ?) à l'intérieur de la chapelle, et non à l'extérieur, dans le rocher.

S'il s'agissait de l'hypothétique épée de Roland, étant donné que les sites cultuels de Rocamadour datent des XIe et XIIe siècles, l'arme aurait été recueillie, conservée ou transférée trois siècles durant, avant d'être offerte anonymement à Rocamadour. En la plantant dans le roc...

Ne s'agit-il pas plutôt d'une manipulation de l'Église, soucieuse de renforcer l'image de preux combattants francs, et d'attirer croyants et pèlerins à Rocamadour ? Et/ou, plus près de notre époque, et peut-être en association – complice – avec des religieux, l'initiative de personnes désireuses d'attirer non seulement des pèlerins, mais aussi des touristes, pour le plus grand bonheur du commerce local ?

Alors que l'épée a été entérinée localement comme étant l'hypothétique Durandal, il ne semble pas que beaucoup de monde ait été soucieux de rechercher la date de son apparition, même une date approximative. Ni les raisons de son déplacement entre chapelle et muraille. Curieux manque de curiosité !

Il aurait dû ménager sa monture !

Et la Bretagne, dans tout cela ?... Eh bien, nous l'avons dit, Roland était comte (ou préfet) des marches de Bretagne. Ensuite, il nous faut aller à deux kilomètres à l'est de Dompierre-du-Chemin[1], commune de l'arrondissement de Fougères (Ille-et-Vilaine), pour trouver un site caractérisé par des hauts rochers de quartz et qui porte le nom de « Saut Roland ». Il faudrait y voir, plus correctement, un « Saut *de* Roland », d'après la légende suivante : Roland (a-t-il existé, d'ailleurs ?) aurait voulu franchir à plusieurs reprises, à cheval, une large faille (quelques dizaines de mètres) séparant des éléments de falaise.

Le premier saut – digne de ceux effectués dans des westerns par le héros, qui parvient ainsi à échapper aux Indiens et aux outlaws – fut réussi. Roland l'avait dédié à Dieu. Le deuxième saut, dédié à la Vierge, ne posa aucun souci. Mais le troisième, pour lequel Roland avait invoqué l'amour de sa dame, lui fut fatal. Roland, ou « un » Roland (?), serait alors mort en Bretagne, et non à Roncevaux !

---

1. Dompierre-du-Chemin a accueilli en 2000 bien des Dompierrais et Dompierrois. Pour la bonne raison que le bourg fait partie de l'Association des Dompierre de France, qui regroupe vingt-trois communes donc le nom comporte *Dompierre*.

De la « pierre dégouttante » (et non pas « dégoûtante » !) tombe depuis, goutte à goutte, une eau pure comme les larmes de l'amante inconsolable...

Le « Saut Roland » est un site d'escalade retenu par la Fédération française de la montagne et de l'escalade.

ANAPHRASE[1]

Complétez l'anaphrase suivante par deux anagrammes (l'un de ces mots est le nom d'une ville de Bretagne) :

« Il manque un .... pour assurer l'assemblage de cette armure présentée au château de .... »

1. Une anaphrase est une phrase comportant deux anagrammes, ou plus. Les anagrammes (mot féminin) sont des mots formés rigoureusement des mêmes lettres, mais disposées dans des ordres différents. Exemple d'anaphrase : « Ce CHIEN a une NICHE fabriquée en CHINE. »

Enfin quelque chose qui échappait à la saisie !

D'anciennes lois bretonnes du Moyen Âge stipulaient que « *trois objets ne sont pas saisissables par ordre de justice : le livre, la harpe et l'épée* ».

La harpe, de façon générale au sein du monde celtique ancien, était considérée comme l'instrument des classes supérieures, à statut social très élevé. Tout Breton devait avoir « une femme vertueuse et une harpe bien accordée » !

En avant... marches !

Visiter l'église de Brélévenez, à Lannion (Côtes-d'Armor), se mérite ! Sa construction, qui remonte au XIIe siècle, est attribuée à une branche des chevaliers du Temple : les moines-chevaliers de « Montjoie » (en breton : *brel evenez*). Cette église a été érigée sur une colline dominant la ville : il faut donc se lancer, à partir du centre-ville, dans un escalier de... cent quarante marches pour y accéder afin de voir également l'enclos paroissial.

Que l'on se rassure : chacun peut gagner par la route ce lieu à voir absolument ! À pied ou en voiture, ce sera moins dur que par l'escalier...

Quant à Lannion, capitale du Trégor arrosée par le Léguer, on ne regrettera pas de flâner dans les vieux quartiers ni de traîner place du Marchallac'h.

Plantes emblématiques...

Le chardon est l'emblème de l'Écosse depuis les années 1300... Pour la raison qu'il contribua à une victoire des hommes au kilt sur les Anglais. Ces derniers, ayant décidé de surprendre de nuit leurs ennemis, se mirent pieds nus. Mais ils avaient négligé un élément local : les touffes de chardon ! La douleur des piqûres imprévues provoqua des cris qui alertèrent les Écossais. Ces derniers n'eurent alors pas de peine à vaincre et à mettre en fuite des Anglais en plein désarroi.

Selon la légende, le trèfle est le symbole de l'Irlande parce que saint Patrick se serait servi d'un trèfle... à trois feuilles pour expliciter le mystère de la Trinité. Selon la mythologie celtique, Tailtiu, la mère nourricière du dieu

Lugh, défricha l'île : quand tout fut mis à bas, il poussa alors une prairie de trèfle.

Le poireau aurait été adopté par les Gallois pour obéir à saint Dewi – leur saint patron –, qui leur aurait ordonné, avant une bataille contre les Saxons, de porter la plante sur leur casque. En signe de reconnaissance... ou pour passer inaperçus : le combat se déroula-t-il dans un champ de poireaux ?

Les Bretons ont eux aussi une plante emblématique : la bruyère, qui symbolise la ténacité, le réveil de la Bretagne... C'est pourquoi plusieurs mouvements philosophiques et politiques aux idéaux parfois extrémistes ont adopté la plante (*brug*, en breton) comme symbole.

Landes, talus et tourbières sont vêtues de bruyère (ou plutôt de bruyères puisqu'il existe plusieurs genres botaniques : callune, bruyère cendrée...), une bruyère fort utilisée, pour servir de combustible aux fours à pain, de litière aux animaux, etc.

Pies et geais...

Le grand érudit italien Poggio Bracciolini (1380, Terranuova - 1459, Florence), écrivain polygraphe, homme politique, philosophe et humaniste a rapporté qu'il y aurait eu en 1451, en Bretagne, une véritable bataille entre des pies et des geais... À l'issue du combat, qui aurait duré toute la journée, les geais l'auraient emporté, mais en laissant toutefois deux mille d'entre eux sur le carreau, alors que les pies vaincues auraient eu quatre mille morts.

Comme on le sait, les pies ont un plumage bicolore, noir et blanc. C'est pour cette raison que le mot *pie* est utilisé pour qualifier des choses ayant ces deux couleurs précisément, ou bien associant le blanc à une autre couleur : des voitures pie[1]. Et, depuis le XIIe siècle, la bannière de combat des Bretons est formée d'une croix noire sur fond blanc...

Toujours par comparaison avec le plumage de la pie, on appelle « vache pie(-)noir » la... vache bretonne ! Attention à l'orthographe : il ne s'agit pas de pis qui seraient noirs ! Non, le bovin propre à la Bretagne a une robe blanche à taches noires. On y voit du blanc et du noir (d'où l'invariabilité, avec ou sans trait d'union : des vaches pie(-)noir). C'est d'après le même raisonnement que l'on désigne par « vaches pie(-)rouge » des bêtes qui, comme les vaches normandes, ont une robe blanche parsemée de taches brun-roux. D'autres vaches que la bretonne ont une robe pie(-)noir : la frisonne Prim'Holstein, par exemple.

Quant au geai... il n'est pas du tout noir (sauf si le malheureux a été pris dans une marée noire...), en dépit de

1. Le mot reste invariable puisqu'il s'agit d'une ellipse pour dire au sens propre « qui sont comparables au plumage de la pie, qui ont du noir et du blanc. »

l'« hénaurmité » commise fréquemment et qui consiste à écrire « noir de geai » (« des cheveux noir(s) de geai ») ! Une seule graphie est logique : *noir de jais*, qui signifie « qui est, qui sont du noir du jais », c'est-à-dire de la couleur du lignite, une roche d'origine organique. Donc : des chevelures noir de jais.

Le geai le plus commun de nos régions, le « geai des forêts », est un très bel oiseau au plumage beige, brun clair, bistre rosé, tacheté de blanc, de bleu et de noir. Certains ont donc fait le rapprochement entre ce bistre rosé et le bleu du plumage avec les couleurs bleue et rouge, présentes dans les drapeaux et les livrées des Français.

A posteriori, on a donc vu dans cette histoire de combat entre pies et geais la prédiction de l'affrontement entre Bretons et Français à Saint-Aubin-du-Cormier, en 1488, marquée par la grave défaite des premiers. Une très lourde déroute, coûteuse en hommes, et qui sonna le glas de l'indépendance bretonne...

Énigme

L'origine du nom de cette ville de Bretagne reste inconnue. Parmi les hypothèses figure un jeu de mots faisant référence à la résistance farouche de la cité face aux corsaires anglais, en 1512. Ce jeu de mots est en tout cas retenu comme étant la devise officielle de cette commune. Quelle est cette cité ?

La Vierge « à l'étang » ?

La ville finistérienne de Pleyben doit absolument faire l'objet d'une étape prolongée dès lors que l'on aime la Bretagne. Bien entendu, le monument dont la visite s'impose est l'enclos paroissial classé monument historique. (Rappelons que les enclos paroissiaux, caractéristiques de l'architecture religieuse de basse Bretagne, sont des ensembles réunissant au moins cinq des éléments ci-après : une église, un ossuaire, un calvaire, une porte triomphale, un cimetière, une chapelle reliquaire, un mur d'enceinte, une fontaine.)

Le patrimoine civil est important, et mérite d'être vu :

moulins, pont, écluse, manoir... Sept chapelles sont érigées sur le territoire communal, toutes à admirer, et nous nous intéresserons ici à Notre-Dame de Lannélec, qui date du XVe siècle, pour son étonnante vierge... allaitante.

La pudeur dont la Vierge Marie est le symbole cède parfois le pas sur l'expression de la maternité, via ce que l'on appelle les « Vierges allaitantes[1] ». On l'aura compris : la *Mamm ar lez* (« Mère au lait ») y donne le sein (du moins le présente) à l'Enfant Jésus.

Ces représentations ne sont pas rarissimes en Bretagne. La Vierge allaitante est d'ailleurs une figure de l'iconographie chrétienne occidentale. Les artistes et/ou leurs commanditaires ont parfois reculé devant l'impudeur du geste, estimé choquant s'agissant de Marie. On voit alors des statues où la Sainte Vierge présente le sein... à travers une étoffe, un vêtement plus ou moins léger !

Ce n'est pas le cas dans la chapelle de Lannélec : le corselet doré ouvert en *V* libère le sein droit de la Vierge, qui présente clairement son mamelon, entre le majeur et l'annulaire !

Par ailleurs, on note que le visage semble curieusement chauve, du moins pour l'avant et le dessus de la tête. Quant à l'Enfant Jésus – soit symbole de son statut, soit inadvertance de l'artiste –, il « flotte » dans l'air, puisque non tenu par sa mère...

---

1. Le pluriel peut étonner, puisque la Vierge est unique, mais l'accord grammatical s'impose : les mots « représentations », « statues » étant sous-entendus.

Des hommes de caractères

Oui : « caractères », au pluriel ! Car nous allons parler de typographes-imprimeurs...

Commençons par Simon de Colline, ou de Collinée plutôt, puisqu'il serait peut-être né dans ce bourg des Côtes-d'Armor (arrondissement de Dinan) devenu florissant au fil des décennies grâce aux abattoirs qui y ont été installés et développés. Que cet homme ait été typographe et imprimeur, c'est possible... Que certains en fassent l'inventeur des caractères italiques, c'est aller trop loin, et nous ne ratifions pas cette assertion, même si nous avons des liens personnels, familiaux, avec Collinée. Il nous semble éventuellement vraisemblable que ledit Simon se soit rendu en Italie, pour apprendre le métier auprès des maîtres italiens de la Renaissance (Alde Manuce, Francesco Griffo : le premier étant considéré comme le créateur de l'italique), et qu'il ait rapporté de la Botte quelques caractères du « romain penché », et/ou le savoir-faire permettant de les graver.

En revanche, il est certain que la source de la Rance se trouve juste à l'ouest de Collinée !

Deux noms pour un seul homme

Second imprimeur breton mentionné ici : Jean Brulelou, né sur la rive droite de la Vilaine, à Pipriac (aujourd'hui : en

Ille-et-Vilaine) vers 1415, l'année de la bataille d'Azincourt… ou en 1417, était donc un Pipriatain.

Connu sous le nom de « Jean Brito » (Jean le Breton), il alla s'installer en Belgique, dans le Hainaut, puis en Flandre, et l'on considère qu'il fut l'un des premiers imprimeurs… brugeois. Cette installation en Belgique fut-elle déterminée par la volonté de devenir imprimeur, ou y eut-il d'abord des tâtonnements dans le choix d'un métier ? On ne le sait pas trop. Toutefois, la bibliothèque de Leyde, aux Pays-Bas, détient un manuscrit revêtu de la signature de « Johannes Brulelou »… apparemment daté de 1437 et établi à (Saint-) Séglin, non loin de Pipriac. Or les textes de ce manuscrit auraient été, plus tard, imprimés par Jean Brito. Cela donne à penser qu'il s'agit bien de deux noms pour un même homme.

Là encore, emportés par l'enthousiasme et/ou le chauvinisme, certains font de Jean Brito… l'inventeur, à Bruges, de l'imprimerie ! Il ne semble pas bien raisonnable, ni vraisemblable, de contester à Gutenberg (assisté de ses associés Johann Fust et Pierre Schoeffer) la création des caractères mobiles et l'impression du premier livre imprimé en Europe avec ces caractères mobiles : la « bible de Gutenberg », mondialement connue sous le nom de « bible à 42 lignes », en 1452-1455.

À Bréhan, la primeur des imprimeurs

Mais il est en revanche incontestable que Jean Brito fait partie des pionniers de l'imprimerie, ayant lui-même imprimé des livres environ cinq ans après Gutenberg. Il serait mort en 1484, à Tournai selon les uns, à Bruges selon d'autres, c'est-à-dire l'année où l'imprimerie faisait son apparition en Bretagne ! Sauf erreur, c'est en effet en 1484 que s'ouvrit la première imprimerie, à Bréhan, aujourd'hui commune du Morbihan (arrondissement de Pontivy), sous l'impulsion de Jean de Rohan du Gué de l'Isle, propriétaire de deux moulins à papier sur les bords du Lié, qui s'assura les services de deux maîtres imprimeurs, Robin Fouquet et Jean Crès. Le premier livre imprimé en Bretagne – *Le Trépassement de la Vierge* – sortira de leurs presses en décembre.

Pour ne plus « avoir les boules » : jouons aux boules !

La petite ville de Guerlesquin fait partie des communes s'étant distinguées par l'organisation d'événements peu ordinaires, tel le championnat du monde de lancer de menhir (voir p. 193). Mais ce n'est pas tout : le Mardi gras est l'occasion d'une autre compétition unique en son genre…

Non, il ne s'agit pas d'un concours de *chessboxing*, imaginé, ce n'est pas banal, par le dessinateur Enki Bilal dans une de ses BD : *Froid Équateur* (t. 3 de la trilogie *Nikopol*[1]). Les concurrents y alternent « rounds d'échecs » (six de quatre minutes) et « rounds de boxe réelle » (cinq de trois ou quatre minutes). Au maximum, une rencontre dure donc quarante-quatre minutes, plus la minute accordée pour se changer après chaque round… Et il ne s'agit pas non plus du *swanp soccer*, ou « football en marécage », pratiqué dans l'est de la Finlande, à Pölhövaara, près de Hyrynsalmi.

Non, nous sommes dans la patrie du… *bouloù pok* ! Dont le championnat du monde se déroule exclusivement à Guerlesquin le Mardi gras. Jusqu'à ce jour, cette compétition a été remportée par des hommes : uniquement des « nés natifs » ! Il faut dire que tout « étranger » (né ailleurs qu'à Guerlesquin) est exclu de ce championnat, qui est interdit aux femmes…

Deux équipes se disputent le titre, sur l'aire de terre battue du centre du bourg : les « nordistes » (ceux qui habitent au nord de la place) et les « sudistes » (ceux qui habitent au sud de la place) ; selon une autre version : « ceux dont les

1. Aux éditions Casterman, 2005.

fenêtres des maisons donnent au sud » et « ceux dont les fenêtres donnent au nord ».

Si l'on en croit la tradition orale, le jeu remonte au XVIe siècle et aurait été imaginé par un recteur soucieux de détourner par cette distraction les intentions trop souvent querelleuses de ses ouailles !

Le *bouloù pok* tient du jeu de boules et du jeu de palets : il faut lancer le *bouloù* le plus près possible du *mestr* (le « maître »), une boule de bois coupée aux deux tiers et placée sur le terrain. Les *bouloù* sont des boules... qui ne sont pas rondes ! (Elles rappellent un petit peu les boules de fort[1], le jeu traditionnel des pays de Loire). Au départ, oui, on part de boules en bois – traditionnellement en buis ; aujourd'hui en bois exotique –, mais celles-ci sont ensuite creusées, et l'on coule du plomb à l'intérieur. Enfin, le plomb est limé, ce qui donne une surface droite... comme un plat palet.

Quand les compétiteurs en ont terminé, un autre match oppose entre eux les bistrotiers et cafetiers... afin de désigner l'établissement qui accueillera tout le monde pour la « troisième mi-temps » !

1. Les boules de fort, en bois, ont un centre de gravité légèrement décalé, en raison de la « boule de roulement » (un cercle en métal). De ce fait, les boules ne roulent pas de façon rectiligne.

CONTREPÈTERIE[1]

Quelle contrepèterie peut-on faire sur : « les écoliers de Landerneau » ?

Et Malherbe partit...

Dans son célèbre *Art poétique*, Boileau fait l'éloge de Malherbe. Il l'oppose aux poètes baroques et précieux, qu'il critique. Le premier vers est fameux :

Enfin Malherbe vint, et, le premier en France,
Fit sentir dans les vers une juste cadence,
D'un mot mis en sa place enseigna le pouvoir,
Et réduisit la muse aux règles du devoir.
Par ce sage écrivain la langue réparée
N'offrit plus rien de rude à l'oreille épurée.

Si Boileau rend hommage au poète qui « vint » et rompit avec la poésie savante des baroques en imposant un style

1. La contrepèterie, ou le contrepet, est un jeu de mots consistant à permuter des syllabes et/ou des lettres, sans tenir compte de l'orthographe. C'est le son qui compte ! Exemples : « Sonnez, trompettes ! – Trompez, sonnettes ! » ; « J'aurais voulu un mot de vous – J'aurais voulu un mou de veau. »

plus clair et plus rigoureux, nous allons saluer ici un Malherbe breton qui… partit !

Pierre Olivier Malherbe est un « étonnant voyageur » (n'est-ce pas, Michel Le Bris ?) : on considère qu'il est le premier homme à avoir effectué – essentiellement par voie terrestre – le tour du monde !

L'histoire de ce Breton remarquable n'est connue que par la retranscription que fit de ses aventures le géographe de Henri IV : Pierre Bergeron (1585-1638), et par quelques renseignements trouvés dans des archives, en Espagne. L'écrivain Roger Faligot a narré cette extraordinaire aventure dans un ouvrage intitulé, et nous verrons pourquoi, *Les Sept Portes du monde*[1].

Né à Vitré (aujourd'hui, département d'Ille-et-Vilaine), Pierre Olivier Malherbe est né dans une famille de négociants en toiles, en voiles… En 1581, à douze ans, il s'embarque à Saint-Malo pour aller en Espagne auprès d'un de ses oncles, afin d'y apprendre le métier familial. En effet, des Bretons se sont installés en Andalousie, près de Séville, à Sanlúcar de Barrameda, y fondant un comptoir important. Il hispanise alors son nom en « Pedro Lopez Malahierva », et apprend l'espagnol. Il va rester là quelque dix ans, se consacrant au commerce des « toiles bretonnes » et des « bas à l'aiguille ».

1. Éditions Plon, Paris, 2010. La vie de Pierre Olivier Malherbe est évoquée aussi, entre autres, par Bernard et Jacqueline Le Nail (*Pays de Vitré – Hommes et femmes remarquables*, Éditions Les Portes du large, Rennes, 2004) et Georges-Gustave Toudouze (*Le Premier des globe-trotters*, Éditions André Bonne, Paris, 1955).

De port en port, de porte en porte

Si l'on en croit ce qu'il narre, Malherbe serait devenu « ingénieur », titre obtenu à la fin d'études à l'université de Valladolid. Il décide ensuite de gagner le Mexique et obtient, toujours sous son identité hispanisée, un ordre de mission lui permettant de rejoindre ce que l'on appelle la Nouvelle-Espagne. En 1592 ou 1593, il s'embarque à Cadix. Pierre Olivier Malherbe est donc alors passé de la « porte d'En-Bas », à Vitré, à la « porte du Large », en baie de Cadix. Nous en sommes à deux portes sur sept !...

Arrivé à Mexico, il aurait pu être reçu par le vice-roi Mendoza... Là, c'est le pactole : en l'occurrence, il découvre, dit-il, une mine d'argent ! Mais cette (bonne) fortune ne dure pas, et l'entreprise connaît des difficultés. Malherbe, à mule ou à cheval, doit partir. Alors, c'est Panama, le Pérou – et la « porte du Soleil » ! –, où il travaille comme ingénieur dans une mine d'argent, puis la Bolivie. Dans ce pays, encore l'argent : le fameux centre argentifère de Potosí...

Ensuite, il reprend la mer – tel Phileas Fogg, il ne pouvait pas vraiment se déplacer uniquement à pied ! – et gagne la Terre de Feu, passe par le détroit de Magellan. Nouveau continent : Malherbe arrive aux Philippines, et enchaîne par la Chine, parvient à Canton, où il aurait repris son patronyme français. Sans doute doté d'un bon bagout, il captive des notables chinois par son « expertise technique », comme on dit aujourd'hui, et par le récit de ses étonnantes aventures. Sans Facebook ni autres réseaux sociaux, il attire alors l'attention de l'empereur Ming. La « porte de Jade » s'ouvre à lui, puisque le Fils du Ciel lui accorde sa protection. Malherbe se met à son service.

Le Breton voyage alors (à cheval, à buffle... ?) dans ce que nous appelons « l'Indochine » et, ensuite, en Malaisie. En Hindoustan, il parvient à rencontrer le Grand Moghol : Akbar, grand conquérant et grand administrateur. Les deux hommes se lient d'amitié. Pour Malherbe, c'est la « porte du Paradis », et il serait resté trois ans en Inde, circulant sans doute à dos de cheval, de chameau peut-être, des sources du Gange au Tibet, en Ouzbékistan, de Kaboul à Samarkand...

À la mort du Grand Moghol, en 1605, Malherbe passe en Perse, où il est reçu par le chah ! Décidément, notre Breton a le don de séduire les grands de la terre. Le chah permet au voyageur de visiter tout le pays. C'est la « Sublime Porte », surnom qui désigne, on le sait, l'Empire ottoman, la Turquie. Le souverain lui aurait même proposé la main de la fille du roi d'Ormuz. Malherbe raconte qu'il aurait joué un rôle d'espion au service du chah...

Le Breton prend le parti de rentrer en France. Cela l'amène à passer par l'Arabie, la Mésopotamie, la Syrie, puis, revenant en Turquie, à s'embarquer à Alexandrette (aujourd'hui Iskenderun) sur un bateau marseillais. Il n'a pas vu la France depuis dix-sept ans. Retour à Paris : c'est la « porte d'Enfer ».

De Henri IV à Phillipe III

Toujours d'étonnante façon, Malherbe parvient à rencontrer à plusieurs reprises le Vert-Galant, à qui il raconte ses aventures exceptionnelles. Pierre Bergeron, le géographe de Henri IV, prend alors en note, nous l'avons dit, le récit du voyageur.

Malherbe suggère à Henri IV de créer une « Compagnie des Indes orientales » (est-ce le véritable intitulé ?) en vue de l'exploitation de ressources outre-mer. Un certain Ravaillac, en 1610, met fin à ce projet. Alors, le Breton repart ! Direction l'Espagne, où il rencontre... le roi Philippe III. Malherbe y aurait réalisé de fructueuses affaires (grâce au soutien du monarque, peut-être). La date et les circonstances de sa mort – en 1616 ? – ne sont pas connues. Certains disent qu'alors Malherbe était reparti pour le Mexique...

Le char du fisc...

Toute la France connaît maintenant, grâce aux mouvements de révolte des Bretons, à l'automne 2013, contre les fermetures d'usines entraînant la perte de milliers d'emplois et l'aggravation de la situation socio-économique par le projet d'instauration d'une écotaxe tombant très mal à propos, un événement de l'Histoire connu sous le nom de « la révolte du papier timbré », dite aussi « la révolte des Bonnets rouges » (leur signe de ralliement était le port du bonnet rouge propre aux insurgés du Poher, centre du Finistère).

Les points de vue divergent évidemment... En province, en général, on est porté à vilipender le « pouvoir central », qu'il soit monarchique ou républicain de stricte obédience. Quitte à ne satisfaire personne quand on essaie d'être honnête et objectif, on dira ceci : pris à la gorge, obligé de trouver de nouvelles ressources pour financer les guerres, Colbert décide d'imposer... à l'ensemble du pays de nouvelles taxes. Parmi celles-ci figure l'instauration du « papier timbré » (et aussi l'instauration de nouveaux droits de péage), devenant obligatoire pour tous les actes pouvant être produits devant la justice.

Les Bretons réagissent d'autant plus violemment qu'à leurs yeux – ils n'ont pas tort – cela met à bas la « liberté armorique », c'est-à-dire les privilèges dont bénéficiait la Bretagne en vertu du traité d'union entre elle et la France, depuis 1532. Le parlement régional, jaloux de ses pouvoirs, s'appuie donc sur ce non-respect de l'accord pour s'opposer aux impositions et pousser à l'insurrection.

Les « Bonnets rouges »

Un peu partout les opposants, pour jeter de l'huile sur le feu, se livrent à des manipulations, à des amalgames, en mettant dans le même panier la nouvelle imposition – qui en fait visait surtout les propriétaires, les nobles – et d'autres taxes comme la fameuse gabelle (sur le sel) et l'augmentation des impôts sur le tabac… et la vaisselle d'étain.

Plutôt urbaine et antifiscale (*« Assez d'impôts ! »*, *« À bas la gabelle ! »*), et rassemblant différentes composantes de la population, la révolte quasi unanime contre le pouvoir versaillais va devenir peu à peu un mouvement populaire exclusivement mené par les paysans, par le petit peuple. Et, si les premiers visés ont été les agents du fisc, et des prêtres considérés comme les suppôts de l'administration royale, les « Bonnets rouges » (qui n'avaient pas attendu le commandant Cousteau, autre porteur d'un bonnet rouge, beaucoup plus tard !) vont s'attaquer aux nobles, au régime seigneurial, qui les accable lui aussi. Des châteaux sont assiégés et pillés. Le pays bigouden est particulièrement en ébullition. Les presses imprimant le papier timbré sont détruites, le tabac est volé…

La répression ne va pas tarder à s'abattre sur les « Bonnets rouges » et sur leur chef, Sébastien Le Balp, un fils de meunier natif de Kergloff, dans le Finistère, et notaire à Carhaix. Le duc de Chaulnes, gouverneur de Bretagne, après avoir attendu l'arrivée de renforts, va rétablir l'ordre avec la plus grande dureté.

Sébastien Le Balp est tué assez rapidement, ce qui met dans le désarroi les milliers de paysans qu'il avait su entraîner. Les « Bonnets rouges » seront torturés, exécutés par centaines (principalement par pendaison : le duc de Chaulnes dira : « *Les arbres commencent à avoir le poids qu'on leur donne !* »), ou envoyés aux galères. Plusieurs clochers du pays bigouden où l'on avait sonné le tocsin pour appeler à la révolte sont rasés ou déposés. Certains ne seront jamais reconstruits...

Un faubourg de Rennes, par représailles toujours, est entièrement rasé, et le parlement régional sera « exilé » à Vannes en octobre 1675, tout en étant condamné à verser une contribution de guerre de trois millions de livres. Les nobles dont les châteaux ont été pillés seront dédommagés financièrement.

Pour l'exemple, et afin de frapper durablement les esprits de ceux qui seraient tentés par une nouvelle révolte, le corps de Le Balp est exhumé. On fait un procès à son cadavre ! Celui-ci sera ensuite traîné sur une claie, rompu, et exposé sur la roue. Enfin, on décapitera le corps, qui sera enterré dans l'église de Kergloff, sauf le crâne, recueilli en la chapelle de Saint-Drezouarn.

Dans l'indifférence de la Justice et de la Vérité

Au musée des Beaux-Arts de Rennes est exposé un tableau intitulé *Allégorie de la révolte du papier timbré*, réalisé en 1676 par Jean-Bernard Chalette (Toulouse, 1631 - ? en Bretagne [Rennes ?] après 1678). Cette huile sur toile de 1,05 x 1,50 m fut commandée à l'artiste par Mgr Jean de La Monneraye, protonotaire apostolique et archidiacre de Rennes.

La critique du pouvoir royal y est représentée par un char – le fameux « char de l'État », dénomination bien connue – rempli d'or, mené par deux fauves menaçants (les « tigres du fisc ») et conduit par un diable (le duc de Chaulnes ?). Cet équipage écrase tous ceux qui se trouvent sur son passage. Dans un cartouche, la légende est explicite : « Les riches et les pauvres sont injustement accablés. »

La peinture est de facture classique, reposant sur une représentation évoquant l'Antiquité : style des bâtiments (grande base de colonne, représentation de Rennes en proie aux flammes), vêtements des personnages (parmi les individus écrasés, les nobles sont en armure grecque ou romaine). En bas et à droite du tableau, deux femmes censées être la Vérité et la Justice sont en dehors de l'action, et semblent converser sans s'intéresser à ce qui se passe au second plan, comme sur une scène de théâtre…

Quiz

« *Cela fera du bruit dans Landerneau* » est une expression tirée...

a) ... d'une chanson du Breton Théodore Botrel ?

b) ... d'une pièce du Breton Alexandre Duval ?

c) ... d'un roman du Breton Paul Féval ?

Elle est lui !

Au 3, quai du Lénigo, au Croisic (Loire-Atlantique) se trouve la maison où vécut Paul Desforges-Maillard (1699-1772)... Il est le fils d'un bourgeois qui fut maire de ce petit port naguère très actif, et aujourd'hui toujours bien vivant, mais où les plaisanciers sont plus nombreux que les marins pêcheurs. Les huit frères de « PDM » firent carrière dans le commerce maritime et la navigation. Lui, après des études chez les jésuites de Vannes, envisagea d'entrer dans cette Compagnie, mais son père l'en détourna en l'envoyant à Nantes étudier la philosophie et le droit. Finalement, il sera reçu avocat au Parlement, à Rennes.

Toute sa vie, « PDM » sera tiraillé entre sa passion pour la littérature, les belles-lettres, la poésie, et la nécessité de gagner de l'argent. Dans les années 1723-1730, il se consacre aux Muses, et envoie des textes au journal qui fait référence : *Le Mercure galant*, qui, en 1724, deviendra le fameux *Mercure de France* sous la direction d'Antoine de La Roque. Ses pièces, en vers ou en prose, sont appréciées et plusieurs sont publiées. Son nom commence à être connu dans Paris, et il entre en correspondance avec Voltaire. En 1729, furieux de ne pas avoir obtenu le prix de poésie de l'Académie française « sur les progrès de l'art de la navigation sous le règne de Louis XIV », il transmet son poème à La Roque, en y joignant un préambule qui attaque le texte couronné par les Quarante. Peu soucieux de s'aliéner les académiciens, le directeur du *Mercure* résiste aux insistantes demandes de « PDM », refuse de passer son texte, et même, excédé, laisse entendre qu'il ne publiera plus le moindre texte du Croisicais !

Mais celui-ci va persister, en usant d'un stratagème. On ne veut plus des œuvres de Paul Desforges-Maillard ? Très bien ! Exit « PDM », et place à demoiselle « Antoinette Malcrais de La Vigne », via sa secrétaire, Mme de Mondoret (une parente). Malcrais est le nom d'un vignoble que possède « PDM » dans ce qu'il appelle sa « *petite case champêtre de*

Brédérac » (notre auteur possède en effet une petite maison aux environs de La Baule).

La « dixième muse »

La Roque est séduit par le talent de cette écrivaine, qu'il compare rapidement à la célèbre Mme Deshoulières – femme de lettres fort instruite, auteure admirée d'allégories, d'idylles et d'églogues[1] (1634-1694) – et va publier dès octobre 1729 un bon nombre des écrits que la pseudo Antoinette lui fait parvenir. Plusieurs poètes et littérateurs parisiens, Voltaire compris, s'enflamment également pour cette nouvelle « dixième muse » et lui adressent leurs compliments galants par l'intermédiaire du *Mercure.* « PDM », pendant quelques années, va savourer sa revanche en secret. Mais cette situation est-elle réellement et pleinement satisfaisante ? Le Tout-Paris des lettres vante les mérites d'une Antoinette Malcrais de La Vigne, mais pas ceux de Paul Desforges-Maillard !...

En 1733, il reçoit une lettre d'un homme connu, ayant de l'entregent : Évrard Titon du Tillet (1677-1762). Homme de lettres, chroniqueur et commissaire provincial des Guerres, Titon s'est mis en tête de réaliser un « Parnasse français » : un vaste monument érigé, au sein d'un jardin créé pour la circonstance, à la gloire des poètes et musiciens

1. Une *églogue* est un petit poème pastoral, bucolique, de style classique mettant souvent en scène des bergers.

français du règne de Louis XIV. Ce projet pharaonique ne vit jamais le jour, faute d'argent, mais Titon le fit représenter sous forme de maquette en 1718 (elle se trouve au château de Versailles) et sous forme de dessin en 1723. Notre homme eut le grand mérite, aussi, d'établir des notices biographiques fort intéressantes sur les artistes concernés.

Par ailleurs bon vivant et joyeux célibataire s'entourant de filles aimables, fort instruit, Titon se montrait chaleureux et généreux. Féru de littérature, il écrit donc à deux reprises à la soi-disant Antoinette Malcrais de La Vigne pour lui faire part de son admiration. « PDM » hésita-t-il beaucoup ?... Il ne le semble pas, car il révéla rapidement la supercherie à ce correspondant des plus sympathiques. Ce brave homme de Titon ne s'offusqua pas de la chose, peut-être même s'en amusa-t-il franchement, et il invita le Breton à Paris.

« Ce fut le serpent qui creva. »

Bien évidemment, peu à peu chacun apprit quelle était l'identité réelle de la pseudo Antoinette. Voltaire, « roulé dans la farine », ne manifesta pas... sur le moment, semble-t-il, d'acrimonie ni de rancœur. Mais cela allait certainement arriver un jour : notre philosophe n'avait pas que des qualités, on le sait.

Il faut détruire tout de suite des fariboles racontées çà et là : Paul Desforges-Maillard n'était pas le chevalier d'Éon !

Il ne revêtait pas des habits féminins, ne se mettait pas à sa fenêtre ainsi accoutré en fumant une bouffarde... Il se fit passer pour une femme dans les lettres qu'il adressa aux responsables du *Mercure* et à d'autres correspondants parisiens. Un point, c'est tout.

Arrivé à Paris, « PDM » se démena pour obtenir un emploi, une charge... Là encore, Titon se conduisit en ami serviable et efficace, et lui décrocha la fonction de contrôleur d'impôt en province. Durant plusieurs années, la vie de « PDM » va être chahutée, nourrie de passages par Paris (toujours invité par Titon), de retours au Croisic (pour raisons de santé ou à la suite de la perte d'un emploi), d'installations provisoires en province pour assurer telle fonction, de déboires dus à des escrocs... Son espérance de pouvoir vivre complètement à Paris, en occupant une charge bien rémunératrice au sein de l'administration des finances, ne sera jamais satisfaite. Les promesses de soutien d'un certain... Voltaire, si elles furent peut-être sincères à une période (on peut en douter, voir ci-après), n'aboutirent à rien.

En 1745, il retourne définitivement au Croisic, où sa charge de contrôleur des fermes lui permet de vivre modestement, avec sa famille. Titon du Tillet, ami fidèle, lui permettra de doubler ses revenus, à partir de 1750, en lui faisant attribuer le poste de receveur, fonction que « PDM » occupera jusqu'à sa mort.

Personnalité très susceptible, Voltaire ne pardonna sans doute pas à Paul Desforges-Maillard de l'avoir berné. Il ne lui pardonna certainement pas non plus d'être l'ami de… l'ennemi juré du philosophe : un autre Breton, le Quimpérois Élie Fréron. Journaliste, critique littéraire, polémiste et fondateur de *L'Année littéraire*, Fréron combattit avec verve et vigueur, au nom de la religion et de la monarchie, les idées des Lumières. Chacun connaît peut-être l'épigramme la plus célèbre de Voltaire, et qui vise Fréron :

L'autre jour, au fond d'un vallon,
Un serpent piqua Jean Fréron.
Que croyez-vous qu'il arriva ?
Ce fut le serpent qui creva.

Mais Fréron avait du talent et savait manier le sarcasme. Entre autres, il dépeignit ainsi Voltaire : « *sublime dans quelques-uns de ses écrits, rampant dans toutes ses actions* ».

Voltaire n'appréciait pas non plus Titon du Tillet, dont il critiqua vertement le « Parnasse ».

En 1768, dans un envoi adressé à la marquise d'Antremont, qui lui avait envoyé des vers en indiquant qu'elle n'était pas une femme supposée comme Mlle Desforges-Maillard, Voltaire « éreintait » Paul Desforges-Maillard (qui lui avait toujours manifesté de l'admiration), et le fiel du philosophe, selon nous, traduit bien sa rancœur jamais éteinte d'avoir été dupé :

Vous n'êtes point la Desforges-Maillard ;
De l'Hélicon[1] *ce triste hermaphrodite*
Passa pour femme, et ce fut son seul art ;
Dès qu'il fut homme, il perdit son mérite.

Dans son long poème *La Dunciade*[2] (1797), Charles Palissot de Montenoy (1730-1814) mentionne Desforges-Maillard (chant neuvième, « Les Amazones ») :

Vous étiez là, vaillante hermaphrodite,
Belle Malcrais, mais ennuyeux Maillard.
Quel doux espoir votre double mérite
Avait fait naître au sein de Baculard !

1. Montagne de Béotie, en Grèce, le mont Hélicon passe, dans la mythologie grecque, pour être la résidence des Muses.

2. Palissot de Montenoy reprend ici la veine du poème satirique de l'écrivain anglais Alexander Pope *The Dunciad* (*La Dunciade ou Guerre des sots*), dont la première version parut en 1728. Ce poème célèbre la déesse Dulness (« Sottise ») et dépeint l'action de ses agents, qui répandent outre-Manche la décadence, la bêtise et le manque de goût.

Franz Liszt n'y est pour rien !

Le célèbre compositeur et pianiste virtuose hongrois s'appelle, originellement, Ferenc Liszt. Voire plus exactement, pour les Hongrois, qui mentionnent le nom avant le prénom : *Liszt Ferenc*. (Cette habitude étant ignorée de bien des gens, on constate de beaux désordres, y compris dans des dictionnaires et autres ouvrages de référence, à propos du fameux poète magyar Jószef Attila (Jószef est son patronyme, Attila son prénom). Si l'on respecte l'ordre à la française, il faut donc l'appeler « Attila Jószef ». Ces deux mots étant des prénoms courants, en Hongrie, cela ne facilite évidemment pas les choses...

La traduction littérale de *Ferenc Liszt* est : « François Farine »... Et c'est de farine que nous allons parler, en Bretagne !

Le duc d'Aiguillon (1720-1788) fut un très bon, un très actif gouverneur et commandant en chef en Bretagne. L'honnêteté, l'équité, doit conduire chacun à ce constat. Mais, représentant le roi, donc le pouvoir central, il dut affronter des oppositions régionales, notamment celle du dénommé La Chalotais (1701-1785), procureur général au parlement de Bretagne et chef de l'opposition parlementaire.

Quand les Français repoussèrent à Saint-Cast, en 1758, une importante tentative anglaise de débarquement, on raconte que le duc – qui était un homme brave, il ne faudrait pas se tromper – consacra un peu trop de temps, pendant les combats, à une belle meunière (... ce n'était pas celle célébrée par Schubert !). Aussi, après coup, alors que quelqu'un disait devant La Chalotais qu'à Saint-Cast le duc s'était « couvert de gloire », le magistrat rétorqua : *« Il s'est surtout couvert... de farine ! »*

On peut imaginer ce qu'un Christian-Jaque, qui a si bien dépeint, dans son excellent *Fanfan la Tulipe,* la « guerre en dentelles » du XVIIIe siècle, aurait pu tirer de cet épisode.

Sa sœur était-elle... dans le cercueil ?!

C'est à Plouha, aujourd'hui commune du Goëlo (Côtes-d'Armor), – aux magnifiques falaises et au superbe sentier en bord de mer –, que naquit, en 1821, Jean-Louis Hamon. Sa famille – et/ou lui-même – opta pour l'école des Frères de l'institution chrétienne, dits Frères de Lamennais[1]. L'intention était sans doute qu'il devînt prêtre.

1. Cette congrégation, fondée à Ploërmel (Morbihan), par l'abbé Jean-Marie de Lamennais, frère du célèbre écrivain et prêtre, avait obtenu en 1822, par ordonnance royale, l'autorisation d'enseigner dans les cinq départements de l'ancienne Bretagne.

En 1840, et contre l'avis de ses parents, Jean-Louis Hamon quitte Plouha pour Paris, avec l'ambition de réussir une carrière de peintre. Sa commune natale lui verse une pension (de cinq cents francs de l'époque).

Il parvient à présenter quelques toiles au Salon de Paris de 1848, mais sans grand succès. Pour s'assurer un revenu, il entre à la Manufacture de Sèvres, pour peu de temps, car, encouragé par le prix reçu à l'Exposition universelle de Londres en 1851, pour un... cercueil verni (!?), il décide de se consacrer de nouveau à son œuvre personnelle. Cette fois, sa production n'est pas négligée, puisque, au Salon de 1852, Napoléon III lui achète *Ma sœur n'y est pas* (!). Jean-Louis Hamon, aux Salons suivants, recevra plusieurs prix... et la Légion d'honneur, pour des peintures et pour des vases.

Il va vivre plusieurs années en Orient, et en reviendra avec plusieurs tableaux qui seront présentés aux Salons de Paris dans les années 1860. Ensuite, ce sera un séjour en Italie, en particulier à Capri, où il réalisera plusieurs œuvres qui seront, elles aussi, présentées successivement aux Salons de Paris et à l'Exposition internationale de 1867.

Sa dernière œuvre (exposée au Salon de 1873), intitulée *Le Triste Rivage*, Jean-Louis Hamon la peindra à Saint-Raphaël, sur la Côte d'Azur, où il s'installera, et où il décédera en 1874.

Un compositeur européen… qui s'intéressa à la Bretagne

Giacomo Meyerbeer, né en Allemagne en 1791, mort à Paris en 1864, mena une « carrière européenne », séjournant en Italie et en Belgique, se rendant à Londres, s'installant à Paris… Sauf erreur, il est le premier Allemand à avoir été commandeur de la Légion d'honneur.

Sur un livret des très prolifiques auteurs français Jules Barbier et Michel Carré, il écrivit en 1859 un opéra-comique en trois actes qui obtint un bon succès, dès sa première représentation, à l'Opéra-Comique, à Paris. L'action se situe en Bretagne, mêlant mariage contrarié et trésor gardé par des esprits…

Quel est le titre de cette œuvre peu représentée aujourd'hui, mais que l'on peut trouver en DVD ?

a) Les Korrigans de Guingamp.

b) Le Mariage de Locminé.

c) Le Pardon de Ploërmel.

d) Les Deux Sorcières.

e) La Légende de Brocéliande.

Du sel, du poivre et du... ?!

Obligatoirement d'âge « canonique », c'est-à-dire, au sens propre, quarante ans, les bonnes de curé, les servantes d'ecclésiastique, se devaient d'avoir un air austère et d'être vêtues de noir. Rien d'attirant en elles, volontairement ! La plupart, d'ailleurs, avaient bien plus que la quarantaine, pour éviter les racontars et/ou les tentations ! Cet aspect rébarbatif les faisait surnommer, dans le langage populaire en Bretagne : *carabassen*, c'est-à-dire... Carabosse ! À l'opposé des belles et bienfaisantes fées des contes, la fée Carabosse était en effet laide, vieille, méchante, repoussante. Pouah !

Toujours en Bretagne, des « non natifs », voire des Bretons eux-mêmes, peuvent être étonnés en entendant dans une conversation un mot inconnu rimant avec *Carabosse* : à l'oreille, on comprend « carigosse »... Même si l'on constate que le terme revient dans des propos tournant autour des restaurants, autour des repas, des poissons ou des fruits de mer, ce « carigosse » échappe toujours à l'entendement !

Des Morbihanais bienveillants pourront sans doute vous éclairer. Plus assurément si ce sont des Lorientais ! Car le... *kari Gosse* est un curry lorientais, créé en 1890, et déposé, par un M. Gosse, apothicaire de son état. Ce bienfaiteur de la gastronomie concocta donc dans son officine une épice soigneusement élaborée à base d'ingrédients multiples... dont la recette est jalousement gardée par les successeurs, les héritiers de M. Gosse. On croit reconnaître la cannelle, le curcuma, le piment rouge, mais est-ce bien sûr ? Et quels sont les autres ingrédients ?... Ne comptez pas sur la famille Ploëzat, qui, à Auray, détient la recette miraculeuse, pour vous donner la composition de la poudre magique. Ni sur les pharmaciens du coin – car l'épice n'est vendue qu'en pharmacie. Les apothicaires d'antan n'étaient-ils pas déjà des professionnels de l'épicerie fine ?

Quelle que soit la recette, le kari Gosse, en tout cas, est une merveille pour l'accompagnement des huîtres gratinées, l'assaisonnement de la crème d'étrilles, les poêlées de langoustines et de crevettes, etc., nous le jurons personnellement !

Disparus, mais pas oubliés...

« Ploubaz'» pour les familiers, la commune de Ploubazlanec, qui jouxte Paimpol, est un fief des terre-neuvas, de la « grande pêche ». Ce lieu chargé d'histoire, dépeint par Pierre Loti (*Pêcheur d'Islande, Mon frère Yves*), est aussi un site de toute beauté offrant des points de vue splendides sur la mer.

Le lieu le plus emblématique est évidemment, au cimetière, le « mur des disparus », plus connu sous le nom de « mur des péris en mer[1] ». De sobres tablettes en bois commémoratives apposées contre le mur du cimetière évoquent les cent vingt goélettes et les quelque deux mille marins disparus en mer lors des campagnes de pêche à la morue...

La jolie chapelle de Perros-Hamon, une des plus belles de Bretagne, présente, dans un cadre côtier admirable, notamment de nombreux ex-voto liés à la pêche en Islande. On ne manquera pas, aussi, d'aller voir la chapelle de Lannevez et celle de la Sainte-Trinité, ainsi que le musée Mémoire d'Islande.

De la « croix des veuves », située à soixante mètres au-dessus de la mer, les épouses de marins guettaient le retour des goélettes, visibles à plus de dix milles marins par temps clair, et de la curieuse tour de Kerroc'h on embrasse également un panorama exceptionnel, toute la baie de Paimpol.

Comme Pors-Even, Loguivy-de-la-Mer est un des « ports-villages » de la commune de Ploubazlanec. Ce port de pêche réputé pour ses coquilles Saint-Jacques est le sujet

1. Traditionnellement, on ne fait pas la liaison « périzen », mais on prononce « péri – en »...

éponyme d'une très belle chanson du compositeur-auteur-interprète breton François Budet.

Le « vin de seigle » ?!

Lorsque l'on suit le magnifique sentier des douaniers qui épouse le contour de la côte très échancrée qui va de Plouha à Paimpol, dans les Côtes-d'Armor, chacun sait-il bien qu'il est alors sur les fameuses « falaises de Paimpol » chantées, mais au singulier, par le barde Théodore Botrel : « *J'aime Paimpol et sa falaise...* » ? Les hautes et superbes falaises sont en effet majoritairement sur le vaste territoire de la commune de Plouha.

Dans une échancrure, un lieu-dit du nom de Gwin-Zegal, c'est-à-dire « vin de seigle », offre une anse, une petite plage... Trente ou cinquante pieux se dressent dans la mer, proches du rivage, et protégés par un îlot rocheux. Nous sommes en présence d'une rareté non seulement pour la Bretagne, mais pour toute la France : un port constitué d'un simple mouillage sur troncs d'arbres !

Ces pieux qui dressent hors de l'eau leurs quelque huit ou dix mètres de hauteur sont des arbres plantés, avec leurs racines, dans le sable marin. Des pierres consolident la base de chaque tronc. En Bretagne comme ailleurs, les moines du Moyen Âge ont manifesté une telle variété d'activités, et d'inventivité, que l'idée de ce port leur est attribuée. On dit qu'il n'y a plus que deux petits ports de ce type dans l'Hexagone, le second se situant également en Bretagne : le port du Mazou, à Porspoder, dans le Finistère.

La dénomination du lieu-dit peut étonner : pourquoi « vin de seigle » alors que le petit îlot, sur lequel on peut aller, est en forme de... pain de seigle !?

Une « Lumière » au soleil...

Par référence aux philosophes français qui « éclairèrent » la société, le XVIIIe siècle est, en France, surnommé « le siècle des Lumières[1] ».

À Malestroit (Morbihan), la partie la plus intéressante de l'église Saint-Gilles, caractérisée par la juxtaposition des styles correspondant aux différentes périodes de construction, est la façade sud, remarquable par la richesse de sa décoration, par ses statues... Les évangélistes y sont repré-

1. La majuscule porte non sur le terme générique « siècle », mais sur le terme spécifique « Lumières », qualifiant, donc, Voltaire, Rousseau, Diderot...

sentés, semble-t-il, par leurs attributs ; au moins trois d'entre eux, en tout cas. Rappelons qu'on qualifie de « tétramorphe » la représentation desdits évangélistes par des animaux (le lion ailé pour saint Marc, l'aigle pour saint Jean, le taureau ailé pour saint Luc, un homme ailé [un ange ?] pour saint Matthieu). À Malestroit, on avance que, peut-être, Matthieu serait représenté par un homme (Samson ?) qui terrasserait un lion... L'aigle (certains y voient un dragon : il est vrai que la représentation n'est pas très nette...) est représenté sous le socle supportant la grande statue d'un taureau aux très grandes cornes.

Est-elle vraiment nette, elle, cette ombre qui, vers 15 heures (heure solaire), se dessine sur les pierres, et qui donnerait – affirment d'aucuns à Malestroit –, à partir de la statue associant le taureau et l'aigle-dragon, le profil caractéristique du mécréant... Voltaire !? Il y a du Méphisto, là-dessous !

On lui croque les oreilles…

La Piriacaise (de ce joli petit port et station balnéaire de Piriac-sur-Mer, en Loire-Atlantique) Soizic Le Pouldu adore les petits-beurre. À une certaine époque, il était obligatoire d'écrire « Petit-Beurre », avec deux majuscules, et en laissant invariable ce mot composé à trait d'union, pour bien marquer la propriété de la marque nantaise LU (Lefèvre-Utile) sur cet appétissant gâteau créé dans ses usines. Aujourd'hui, le nom propre est devenu un nom commun, à trait d'union mais sans majuscules, où petit *peut prendre la marque du pluriel, mais non* beurre, *terme désignant une matière indénombrable : le beurre… La signification étant : « des petits gâteaux faits au beurre ».*

Soizic est préoccupée par une question : comment doit-on appeler les découpures en forme d'arcs accolés qui ornent le gâteau sur tout son pourtour ?
Question annexe : leur nombre a-t-il une signification ?

Surdoué et précoce...

Bien qu'il ait été l'un des plus grands savants de son temps – même, tout simplement, un grand savant français – Pierre Bouguer (Le Croisic, 1698 – Paris, 1758) est assurément méconnu du grand public.

Enfant et adolescent prodige, élève surdoué, il assimile avec facilité les mathématiques et l'hydrographie, que lui enseigne son père, Jean Bouguer, professeur à l'école royale d'hydrographie du Croisic. À treize ans, il en sait autant que ses maîtres au collège des jésuites de Vannes ; en 1714, il succède à son père, décédé, et enseigne à son tour l'art de la navigation... à des élèves plus âgés que lui.

Jean Bouguer avait publié en 1686 un *Traité complet de la navigation* fort apprécié. Son fils va consacrer lui aussi une bonne partie de ses travaux à tout ce qui concerne la navigation, et son *Traité du navire* est toujours considéré comme un ouvrage de référence en matière de construction navale traditionnelle. Pierre Bouguer va notamment calculer scientifiquement le « métacentre » des bateaux, c'est-à-dire leur stabilité.

Il est, par ailleurs, le fondateur de la photométrie, ou mesure de l'intensité lumineuse. Tous ses travaux en ce domaine seront publiés en 1729 sous le titre *Essai d'optique sur la gradation de la lumière*.

De 1736 à 1743, il séjourne au Pérou avec les autres scientifiques (Charles-Marie de La Condamine, Joseph de Jussieu, Louis Godin…) de l'expédition chargée de mesurer un arc de méridien au niveau de l'équateur. Bouguer met en évidence la différence de la gravité selon l'altitude des lieux, la déviation subie par les pendules (il ne s'agit pas des horloges !) sous l'attraction des montagnes.

Nommé astronome du roi, élu à l'Académie des sciences, Pierre Bouguer doit alors résider à Paris, et renonce à enseigner à l'école royale d'hydrographie du Havre. Jusqu'à sa mort, il ne cessera de travailler sur les sciences physiques, les mathématiques, la navigation…

Deux cratères – l'un sur la Lune, l'autre sur Mars – portent son nom.

Une statue en bronze érigée sur le port du Croisic rappelle la mémoire de Pierre Bouguer. Elle est due au grand sculpteur Jean Fréour, installé à Batz-sur-Mer, décédé il y a quelques années, et dont nous avons eu l'honneur d'être un ami.

Il ne resta pas de bois devant la poutre...

René Théophile Hyacinthe Laennec[1] est fils et petit-fils d'avocats. Un de ses grands-pères fut maire de Quimper de 1763 à 1765.

Orphelin de mère à cinq ans, l'enfant va être confié par son père – incapable de l'élever – à un de ses oncles, curé (recteur, en Bretagne), puis va être recueilli par un autre oncle, Guillaume François Laennec. Ancien recteur... de l'université de Nantes, médecin, ce dernier est le directeur de l'école de médecine de la cité des Ducs. Il ne faut pas chercher plus loin la décision de son neveu d'entamer des études de médecine.

À Paris, il aura notamment pour professeurs Corvisart et Dupuytren. Médecin à l'hôpital Necker, il va permettre à la médecine une avancée extraordinaire, en trouvant une méthode d'auscultation des plus utiles.

Un jour, alors qu'il traverse la cour des Tuileries afin de rejoindre un malade, il voit des enfants jouer parmi les décombres de travaux : un des gamins gratte l'extrémité d'une poutre avec une épingle (ou bien donne des petits coups, les versions divergent). À l'autre extrémité de la

1. On ne met plus, de nos jours, le tréma qui fut souvent indiqué sur le premier *e*, autrefois.

poutre, un autre gamin, qui a collé son oreille à la poutre, entend, apparemment, les moindres sons de façon amplifiée...

Laennec, qui se penchait depuis un certain temps sur les maladies pulmonaires en utilisant la méthode de percussion décrite par le médecin autrichien Auenbrugger et diffusée en France par Corvisart, imagine alors une autre pratique : l'auscultation ! Il va utiliser une feuille de papier roulée en cylindre. Ayant appuyé une extrémité du rouleau sur la poitrine d'une jeune patiente cardiaque, il colle son oreille à l'autre extrémité. Et c'est la confirmation de son intuition : le bruit de la respiration et celui du cœur sont très nettement audibles !

Le rouleau en papier fut remplacé par un cylindre en bois percé en son centre d'un tube. Laennec va donner à cet instrument d'auscultation médiate le nom de « stéthoscope » (d'après le grec *stethos*, « poitrine »)[1]. Le génie de Laennec fut d'arriver à donner une signification précise (d'où le diagnostic) à chacun des bruits : souffle, murmures, râles, etc. Il parvint à distinguer une trentaine de manifestations acoustiques :

> *« Ici, c'est un bruit que l'on peut comparer à celui que fait le sel que l'on fait décrépiter dans une bassine à chaleur douce. À celui*

1. Le stéthoscope moderne (avec deux embouts pour les oreilles) a été conçu en 1852 par l'Américain Cammann.

que donne une vessie sèche que l'on insuffle, ou, mieux encore, à celui que fait entendre le tissu d'un poumon sain et gonflé d'air que l'on presse entre les doigts... »

Excellent joueur de flûte, donc doté d'une oreille sûre, Laennec n'eut pas son pareil pour établir des diagnostics à partir de l'auscultation. Broussais, autre remarquable praticien, et quelque peu rival, reconnaissait : « *Il semble qu'il ait été à l'intérieur des corps de ses malades.* »

Laennec contribua largement à une meilleure connaissance de la péritonite, de la cirrhose, des métastases pulmonaires du mélanome (terme qu'il inventa), de l'emphysème, etc.

Son neveu, Mériadec Laennec, médecin et homme politique, va déceler chez lui... après ausculation via le stéthoscope de René Laennec, les symptômes, à l'époque gravissimes, de la phtisie, de la tuberculose. Laennec se retire alors dans son manoir de Kerlouarnec en Ploaré, proche de Douarnenez. Il y décédera, à quarante-cinq ans, en léguant à ce neveu le fameux stéthoscope !

Devinette

Qu'on lise son nom de gauche à droite, ou bien de droite à gauche, cette commune des Côtes-d'Armor ne change pas ! Son blason est à chevrons de gueules sur fond d'argent. Un musée y est consacré à un chien... De quelle commune s'agit-il ?

« C'est le Père Michel qui... »

En fait, non : il s'agit d'un « Père Gérard » !

Michel Gérard[1] appartenait à une famille de cultivateurs et ouvriers-artisans aisés. « *Fils d'honorable homme Michel Gérard et de dame Marie Noblet* », ce cultivateur de Tuel-en-Montgermon assurément fort connu et estimé fut élu député du tiers état de la sénéchaussée de Rennes, le 17 avril 1789, aux États généraux. Il avait cinquante et un ans.

1. Né en 1737 à Saint-Martin-des-Vignes (Ille-et-Vilaine), mort à Montgermont (*id.*) en 1815.

Les autres députés bretons de cette même sénéchaussée, tous du tiers état, étaient : Jacques-Marie Glezen, Jean-Denis Lanjuinais, Étienne Huard, Mathurin Hardy de La Largère, Isaac Le Chapelier et Jacques Defermon des Chapelières. Suppléants : Pierre-Vincent Varin de La Brunelière, et Jean Bodinier. Au total : quatre avocats, un procureur, un commissaire des États de Bretagne, deux armateurs… et notre cultivateur.

Michel Gérard se rendit à Versailles, et siégea, en habit de « laboureur », rapporte-t-on. Cette singularité vestimentaire attira l'attention de Louis XVI lors du défilé général de la députation devant le souverain. Il est dit que ce dernier salua le paysan d'un « *Bonjour, mon bonhomme* ».

Cette orthographe, selon nous, n'est pas la bonne, et déforme le propos de Louis XVI. Celui-ci a plutôt dû dire : « *Bonjour, mon bon homme* », au sens de « *Bonjour, mon brave homme* », formulation sans doute paternaliste et maladroite, mais non méprisante : Louis XVI était dénué de morgue, semble-t-il.

Une célébrité de l'Assemblée Constituante

Évidemment, le propos royal, s'ajoutant à un costume qui détonnait, fit que le « bonhomme » Gérard allait devenir une célébrité de l'Assemblée constituante. Collot d'Herbois utilisa son nom et publia en 1791-1792 un *Almanach du Père Gérard* qui obtint un grand succès, avec huit éditions dans l'année. Il y eut deux traductions en breton, mais aussi en provençal, en flamand, en allemand et en anglais. Dans son *Serment du jeu de paume*, le grand Jacques-Louis David a représenté Michel Gérard dans son costume de paysan, les mains jointes, tout pénétré du caractère quasiment sacré de l'événement ! Le même David a représenté par ailleurs *Le Conventionnel Michel Gérard et sa famille*[1]. Et, en 1791, une comédie en un acte et en prose intitulée *Le Retour du Père Gérard à sa ferme* fut donnée à Paris.

S'il intervint à plusieurs reprises à la tribune, exprimant sans détours son point de vue, le Père Gérard n'a pas exercé d'influence marquante. Son passage en politique a surtout laissé le souvenir d'un type de personnage populaire, peut-être bien « bonhomme », ce qui le rendit célèbre en ces années 1790. Un jeu de l'oie révolutionnaire, intitulé *Les Délassements du Père Gérard ou la Poule d'Henri IV mise au pot en 1792*, contribua à populariser le personnage.

On a retenu que le Père Gérard intervint, en décembre 1789, pour demander la suppression des droits de détail[2] sur les vins et eaux-de-vie. En mars 1790, il demanda l'abolition des droits des banalités, puis, en juin de la même année, proposa de suspendre l'indemnité des députés absents. Sa suggestion d'augmenter le traitement des curés

1. Ce tableau est au musée de Tessé, au Mans.
2. Une coquille dans les Tables du *Moniteur* transforma le « détail » en « bétail » !

de campagne ne dut pas passer inaperçue ! Lors de la révision de la Constitution, il vota pour que nul ne fût électeur qu'à la condition de payer une imposition équivalente à quarante journées de travail.

Réserves et réticences...

Dans l'*Almanach*, on peut trouver, dans le style image d'Épinal, une représentation titrée *Portrait du Père Gérard, Bas-Breton, député à l'Assemblée nationale en 1789*. Le Breton y est représenté assis devant une maison, un livre sur les genoux, et parlant à un groupe de personnes qui l'entourent. Comme Collot d'Herbois, en 1791, n'est pas encore le Collot d'Herbois de fin 1792 et 1793, les textes de l'*Almanach du Père Gérard* – qui avait gagné le concours organisé par la Société des Amis de la Constitution en vue de la rédaction et de la publication d'un ouvrage de vulgarisation vantant les principes de la Constitution élaborée par la Constituante – sont modérés. L'essentiel de l'ouvrage, la partie politique, consiste en douze entretiens entre le Père Gérard, député paysan de retour au village, et les habitants du lieu. Le ton prêté par Collot d'Herbois au cultivateur est sentencieux, moralisateur, pédagogique. Le Breton manifeste même quelques réticences, certaines réserves, à l'égard du nouveau régime. Ce qui recoupe effectivement les propos tenus par le député à la Constituante, par exemple le 27 avril 1790 :

« J'ai écrit à notre ménagère que je ne reviendrais pas de sitôt, que nous allions faire des finances, de la Constitution et de la justice. Au lieu de tout ça, nous nous sommes enfournés dans un galimatias des Droits de l'Homme où je ne comprends pas grand-chose, mais je sais bien que ça ne vaut rien. Depuis ce temps-là, on dit toujours qu'on va faire la Constitution, et je ne la connais pas encore. Tout ce tintamarre-là nous a brouillés avec les seigneurs et les prêtres. Du train dont on y va, il ne peut rien nous en arriver de bon. Les marchands sont devenus des soldats, ils n'ont pas l'air trop contents, surtout à la fin des mois, parce qu'ils disent qu'ils ne voient plus d'argent. »

Par ailleurs, il déclare qu'il « *faut laisser notre bon Roi absolument libre* » et « *lui rendre toute l'autorité due à sa place* ».

Après la Constituante, le Père Gérard se retira à Montgermont et ne joua plus aucun rôle politique. Ce retrait lui permit certainement de vivre jusqu'en 1815, évitant le sort, par exemple, de son collègue Le Chapelier, qui fut guillotiné en 1794 !

Costume breton et cheveux longs...

Un autre député breton fit lui aussi sensation aux États généraux comme à la Constituante. Corentin Le Floc'h (1754-1794) appartenait à la classe aisée des agriculteurs. Il fut élu, dans la sénéchaussée d'Hennebont, à celui des trois sièges qui était réservé à un représentant du monde rural. Comme Michel Gérard, il arriva – au lieu d'être en vêtement noir de rigueur – en costume breton et arborant des cheveux longs. Il fut un député des plus discrets, sans doute parce qu'il ne parlait pas – ou peu – le français.

À la disparition de l'Assemblée constituante (30 septembre 1791), il regagna sa ville natale de Lignol, dans le Morbihan, dont il devint maire. Un maire républicain, qui encouragea les prêtres de son secteur à prêter serment à la Constitution civile du clergé, qui soutint les mesures anticléricales décrétées par l'Assemblée législative, puis par la Convention, et qui se porta acquéreur de biens nationaux (biens immobiliers confisqués à l'Église et aux nobles émigrés, et vendus par la République pour restaurer les finances publiques).

En octobre 1794, Corentin Le Floc'h fut assassiné chez lui, devant ses enfants, par des chouans.

Le dirigeant communiste Charles Tillon (qui fut le chef des Francs-tireurs et partisans [FTP], dans la Résistance), un Breton lui aussi, a publié en 1983 un ouvrage intitulé *Le Laboureur et la République. Michel Gérard, député paysan sous la Révolution.*

Le « Rabelais breton et bretonnant »

Claude-Marie Le Laé (Lannilis, 1745 – Landerneau, 1791), avocat et juge, fut aussi un écrivain – rédigeant en breton et en français – dont les œuvres, de style satirique et comique, ont notamment été vantées par deux érudits et écrivains : Jacques Cambry et Gaston Esnault.

Neuvième de dix enfants, Cl.-M. Le Laé fait des études de droit à Rennes, après avoir suivi ses classes à Saint-Pol-de-Léon puis à Brest. De 1737 à 1789, il exerce à Rennes la profession d'avocat, puis, rallié aux idées de la Révolution, devient juge au tribunal du district de Landerneau, en 1790. La tuberculose, pense-t-on, l'emporte l'année suivante.

Son œuvre littéraire se compose surtout de nombreuses pièces en vers en breton, à la verve burlesque. Quelques pièces sont en français. Les chefs-d'œuvre de ces écrits truculents – on évoque parfois Rabelais, à son propos – sont le *Sermon sur la mort de Mikael Morin*, où, en 1 500 vers, le recteur[1] de Beuzit évoque la mort de son sacristain Michel Morin, et *Ar c'hy*, autre poème burlesque, en soixante-dix strophes de huit vers, qui relate toute la procédure entraînée par la mort accidentelle du chien du recteur de Lannilis.

1. En Bretagne, rappelons-le : le curé.

L'auteur dépeint des milieux qu'il connaît bien : le monde judiciaire et le clergé, et, servi par sa culture de juriste et par sa culture classique (connaissance des auteurs latins, des théologiens...), s'amuse à les caricaturer, n'hésitant pas à mettre en scène nommément des curés, notaires, juges, huissiers, avocats du bas Léon, mais de façon quelque peu amère.

Triplé de devinettes

a) Quelle est la ville de Bretagne préférée des Lapons ?

b) Quelle commune de Bretagne trouve-t-on dans les sous-bois ?

c) Dans quelle forêt de Bretagne les pompiers n'ont-ils pas besoin d'avertisseur ?

La fille d'Élisa...

Une Bonaparte, cousine germaine de Napoléon III, a marqué très favorablement les esprits en Bretagne...

Élisa Napoléone (on trouve parfois : Napoléon) Baciocchi, fille d'Élisa Bonaparte et de Félix Baciocchi, naquit à Lucques en juin 1806. Auparavant, le couple avait eu deux garçons : Napoléon (1798 – 1799), puis un autre enfant également prénommé Napoléon, mort peu après sa naissance, en 1803.

Dès 1808, Napoléon fait de sa petite-nièce et filleule une « princesse de Piombino », et lui constitue une dotation de cent cinquante mille francs, sur laquelle, de par sa volonté, cent mille francs par an devaient être placés en rentes sur le grand livre de la dette publique de la France, avec clause d'immobilisation jusqu'à la majorité civile ou jusqu'au mariage de l'intéressée.

Sa mère s'étant entourée d'artistes, la petite fut représentée par des peintres et par des sculpteurs. Ainsi, en 1812, le grand sculpteur italien Lorenzo Bartolini (1777 – 1850), très lié aux Bonaparte et à l'Empire, a-t-il représenté l'enfant avec son chien. C'est Élisa qui demanda à l'artiste de représenter Élisa Napoléone portant une coupe qu'elle serre contre son ventre : symbole du nectar de l'Olympe. Cette coupe est ornée de l'abeille napoléonienne, toujours d'après la volonté de la sœur de l'Empereur, afin de souligner le rang dynastique de la fillette.

« L'Aiglonne »

Étant donné la vie mouvementée du couple Élisa-Félix, surtout après 1814, la jeune « Madame Napoléone » (ce fut son surnom ; parfois on a dit « l'Aiglonne ») dut se forger un certain caractère, et une certaine philosophie de la vie ! Si l'on se fonde sur ce qu'elle montra plus tard, ce dut être une enfant très vive, peut-être souvent rebelle...

En 1824, elle épouse à Florence le comte Filippo Camerata Passionei di Mazzoleni (1805-1882). En 1826, le couple a un enfant, un garçon : Charles Félix Jean-Baptiste Camerata Passionei di Mazzoleni. En 1828, c'est la séparation d'avec son époux (l'union contractée en 1824 n'avait été qu'un mariage de raison).

En 1830, elle cherche à nouer des contacts avec le roi de Rome, l'Aiglon, autrement dit le duc de Reichstadt, le fils que Marie-Louise d'Autriche a donné à Napoléon. On dit que le jeune homme, craignant un piège, se serait méfié (peur d'être éliminé politiquement – voire physiquement – par cette parente rivale ?).

Edmond Rostand, dans *L'Aiglon*, mentionne cet épisode selon son point de vue, ou selon un angle qui se prêtait bien à l'action théâtrale...

À la mort de l'Aiglon (1832), Élisa Napoléone s'installe dans le Frioul, une région qu'elle connaît bien.

Lorsque Louis Napoléon, son cousin germain, établit le Second Empire, Élisa Napoléone vient s'installer en France. Elle achète, près de Paris, à Fontenay-Trésigny, le château de Viviers-les-Ruines. Un drame la frappe quelque temps après : membre du Conseil d'État, son fils unique Charles Félix Jean-Baptiste, ruiné, se suicide.

Profondément déprimée, elle effectue quatre ans après ce décès brutal un voyage en Bretagne qui la conduit vers les landes de Lanvaux, des landes constituant une région bien particulière de la Bretagne : c'est une crête schisteuse dont la partie centrale présente un paysage de bruyères et de genêts… Vers 1850, ce sont des terres déshéritées et désolées, dont les habitants miséreux vivent dans des huttes rudimentaires. Frappée par la pauvreté de ces lieux, « Madame Napoléone » décide d'agir. Il y a indéniablement, chez les Bonaparte, un esprit d'entrepreneur !

Le couple impérial admiratif

Revenue à Paris, elle fait part à son impérial cousin de sa volonté de défricher et de bâtir, de fonder un grand domaine agricole moderne. La cour – au premier rang, sans doute, l'impératrice Eugénie, plutôt stricte sur l'étiquette – se réjouit, semble-t-il, de voir s'éloigner une personnalité qui détonne beaucoup. Voire qui « détone », avec un seul *n*, tellement son comportement fait l'effet d'une bombe : « Madame Napoléone » fume la pipe, a un langage de harengère des Halles et porte la culotte bouffante !

La « princesse Napoléone » acquiert donc plusieurs centaines d'hectares de terres incultes, de landes, sur le territoire des communes de Saint-Jean-Brévelay, de Grand-Champ et de Bignan, et s'y installe. En quelques mois sortent de terre, peut-on dire, un petit château de style Louis XIII, son parc et ses écuries, une grande ferme et... une gendarmerie.

Cette même année 1858, Napoléon III, accompagné d'Eugénie, décide de visiter la Bretagne afin de consolider l'image du Second Empire dans cette région où les royalistes légitimistes sont en force. Il faut montrer quel essor industriel, quels progrès technologiques, le régime apporte à toute la population... C'est pourquoi le couple impérial empruntera la toute nouvelle ligne de chemin de fer Rennes-Paris.

Ce voyage est un succès pour l'Empereur. Aucune opposition ne s'est manifestée. Ce résultat des plus heureux incite peut-être les époux impériaux à se montrer fort aimables à l'égard de « Madame Napoléone » quand ils visitent son domaine. Mais il n'y a pas forcément que l'influence bénéfique de ce déplacement : les souverains sont tout bonnement admiratifs devant la tâche accomplie par leur atypique parente ! Convaincu par l'efficacité de sa cousine, Napoléon III promet de financer la création près de Vannes d'un village modèle, avec mairie, hôpital et école. Ainsi naîtra la commune de Colpo, qui sera officialisée en 1864.

La « bonne dame de Colpo »

« Madame Napoléone » déploie sans trêve, grâce au soutien effectif de l'Empereur – qu'elle n'hésite pas à solliciter au fil des années –, un dynamisme mêlé de modernité. Elle lance les parcs à huîtres dans la rivière d'Auray, crée les comices agricoles, fait reboiser la presqu'île de Quiberon, multiplie le défrichage des landes. Grâce à l'aide financière de Napoléon III s'élèvent donc une mairie, des écoles, une salle d'asile, des habitations modernes, une église et son presbytère…

Victime d'une chute mortelle de cheval[1], elle décède dans son petit château de Korn-er-Houët en février 1869. Une foule énorme, estimée à plus de 15 000 personnes, assiste aux obsèques de celle qui avait gagné le surnom de « la bonne dame de Colpo ».

1. Son frère, Jérôme Frédéric Félix Napoléon Baciocchi, né en 1814 à Passariano, était décédé à Rome en 1833… des suites d'une chute de cheval.

Le Breton qui posséda San Francisco...

Joseph Yves Limantour (1812-1885), né à Plœmeur, près de Lorient (Morbihan), avait la mer dans le sang, et le goût de l'aventure qui va avec ! À dix-neuf ans, à bord de la *Marie-Jeanne*, ce marin quitte la France pour faire du commerce du côté du Mexique et des États-Unis. Il semble que son activité principale ait été la vente des produits de luxe dans ces deux pays...

Ayant remarqué la côte et les plages de la région de San Francisco, il va acheter à bas prix au gouvernement mexicain de grands terrains situés sur le littoral de la baie de « Frisco ». Dans les années 1842-1845, il possède deux cent cinquante-six kilomètres carrés, selon certaines sources ; soixante-quinze mille hectares selon d'autres.

La guerre entre le Mexique et les États-Unis va lui permettre d'accroître ses biens : contre un ravitaillement en armes, les Mexicains vont lui donner directement de nouvelles terres, ou lui remettre en argent de quoi les acheter... Quoi qu'il en soit, à la fin de ce conflit, le Breton possède la quasi-totalité de la superficie de la ville actuelle de San Francisco ! Ainsi que de nombreuses îles de la baie, dont le célèbre îlot d'Alcatraz. On estime à cent quatre-vingt mille hectares les terres dont il est propriétaire (cette superficie varie selon les sources).

Le traité de Guadalupe Hidalgo, en février 1848, met fin aux hostilités. Le Mexique, vaincu, doit vendre aux États-Unis le Texas, l'Utah, le Colorado, le Nevada, le Wyoming, l'Arizona, le Nouveau-Mexique... et la Californie. Ce traité garantit les droits existants des propriétaires terriens... et Limantour (on trouve parfois la variante « Le Limantour ») est donc toujours en possession d'un gigantesque territoire, dont la valeur va s'élever considérablement avec l'annonce de la découverte d'or dans la région. Mais cette découverte va déclencher la fameuse « Ruée vers l'or », c'est-à-dire l'arrivée de trois cent mille immigrants de toutes nationalités.

La situation chaotique, anarchique, violente, qui va en découler met à mal le statut des propriétaires. La Cour fédérale, en 1858, finit par ne plus garantir la possession des terres. Limantour, qui, de plus, n'aurait eu en main que des copies – et non les originaux – de ses titres de propriété, réussit à sauvegarder six mille quatre cents hectares. Au prix alors atteint par le mètre carré, le pactole était confortable ! Et largement suffisant pour faire fortune au Mexique, ce qui dut contribuer au destin exceptionnel d'un de ses fils, José Yves Limantour (1854-1935).

Professeur d'économie politique à Mexico, ce dernier deviendra député, puis président de la Chambre des députés. Le président du Mexique Porfirio Diaz lui confia en 1892 le portefeuille des Finances. José Yves Limantour occupera le poste dix-huit années durant, ce qui en fit un des personnages les plus influents du pays. Grâce à son action, le peso mexicain devint une monnaie convertible reconnue par les financiers internationaux. Le Mexique lui doit aussi le développement du chemin de fer, qui était indispensable à la modernisation du pays.

Charade

Mon premier est un animal.
Mon deuxième est un pourcentage.
Mon dernier rutile.
Mon tout passa une partie de son enfance dans un château quelque peu lugubre, où la vie était réglée par « l'humeur taciturne et insociable » *de son père.*

Ne pas confondre avec le canotier !

Que pouvait bien être un « bateau à cahot » ? Notez bien *cahot*, et non *chaos*... Une embarcation très solide, pouvant particulièrement affronter de puissantes vagues le long des côtes, ou bien le phénomène du mascaret ? Un navire puissant, pouvant circuler par mers et océans ?... Rien de tout cela.

Sauf que le cahotier – dénomination plus usuelle que « bateau à cahot » – était en effet une grande barque très robuste. Nécessairement.

Peu haute de bord, cette embarcation était ce que l'on appelle un « bateau de charge », dédié au transport. En l'occurrence, au transport de la pierre, qui constituait le premier fret de ce bateau circulant sur la Vilaine. Long de dix-neuf à vingt-deux mètres, ayant quatre à quatre mètres cinquante de large, le cahotier pouvait transporter quelque cinquante tonnes de pierre.

Doté d'un avant à levée, ce qui caractérise la navigation fluviale, le cahotier pouvait accoster perpendiculairement à la rive et être aisément déchargé. Typiquement ligérien[1] ce bateau était équipé d'un gouvernail axial à ferrures et d'une cabine.

1. Voir note p. 7.

Le cahotier, halé par de puissants chevaux sans doute bretons (les postiers bretons), ou, beaucoup plus rarement, naviguant à la voile, acheminait ainsi de lourdes pierres, des carrières au bord de la Vilaine jusqu'à Rennes.

Bien, direz-vous, mais quel est le fin mot quant à l'étymologie ? Y a-t-il des cahots spéciaux lorsque l'on circule sur la Vilaine ? Ou bien est-ce une déformation pour *chaos* ? Mais, dans ce cas, cela fait-il allusion à un passage difficile, à une passe… chaotique marquée par quelques écueils éventuellement dangereux pour tout bateau à coque de moindre constitution ?

Que nenni ! Le cahotier doit son nom au village de Cahot, où l'on chargeait la pierre extraite sur place des carrières.

L'utilisation de ce type de bateau a cessé dans les années de l'entre-deux-guerres.

C'est le chaos !

Sur le bord de la route de Ploemel à La Trinité, dans le Morbihan, par 47°64' de latitude nord et 3°06' de longitude ouest, on peut voir un curieux ensemble de pierres mégalithiques.

Un large escalier inhabituel étonne ceux qui découvrent ce chaos rocheux. Puis, comme cet escalier conduit à une plateforme où se trouve une grotte manifestement de facture récente, et puisque une autre grotte présente des statues de la Vierge et de sainte Bernadette en ciment moulé, le doute n'est plus possible : il s'agit d'un ensemble artificiel.

En effet, il s'agit d'un curieux ensemble cultuel dit « monument du Quiniec », élaboré par un ecclésiastique, le recteur Le Franc, en 1922-1924. Ce dernier a réuni ici un certain nombre de pierres mégalithiques, assemblées en une petite butte artificielle.

L'origine des pierres n'est pas connue. On avance que la très petite croix à bras courts dite « *Croez* (ou *Groëz) Ven* » a été érigée au Moyen Âge, et qu'elle se situait auparavant au lieu-dit « *Croas Meen* », sur le territoire de Ploemel. Elle a probablement été taillée dans un menhir. L'autre croix romane, plus grande, appelée « croix de *Mane(-)Bley* » (« la colline du loup »), a été prise par l'abbé Le Franc sur la route d'Auray, près de Locmaria.

Une « grotte de Lourdes » est donc enrichie des statues, en ciment moulé et coloré, de la Vierge de l'Immaculée-Conception et de sainte Bernadette... Par la suite a été ajoutée une seconde grotte artificielle avec ouverture maçonnée en plein centre : elle abrite un autel. L'ensemble comprend par ailleurs, en dehors des diverses pierres, une vasque et une fontaine.

⁂

Saint « Tu peux tout », faiseur de miracles ?!

On doit à un certain M. Geistdoerfer l'ouvrage *La Roue de saint Tupetu, miracle*, publié aux Éditions de l'Hippocampe en 1924 et orné de gravures sur bois de Raymond Thiollière.

Cela fait allusion aux « roues de fortune » que l'on trouvait, en Bretagne, dans plusieurs églises. Le folkloriste Luzel a noté en quoi consistaient ces roues : il s'agissait de roues garnies de clochettes et appendues à la voûte ou contre un pilier. Une corde qui descendait à portée de main permettait de les faire tourner... mais il fallait peut-être toujours payer pour ce faire, comme cela a été relevé à propos de la chapelle de Comfort-en-Berhet, dans ce qui s'appelait encore les Côtes-du-Nord : deux sous pour l'oracle délivré par le *santic ar rod*, « le saint de la roue ».

En effet, selon l'endroit où s'arrêtait la roue (cela ne vous évoque-t-il pas une émission de jeu contemporain à la télévision ?!), le destin était censé être favorable ou défavorable... Le « saint de la roue » pouvait être invoqué afin d'obtenir telle ou telle faveur : à Comfort-en-Meilars (Finistère ; aujourd'hui, Confort-Meilars), la roue est tournée pour que de jeunes enfants tardant à parler soient guéris de ce défaut... Cette roue à douze clochettes est toujours tournée le dimanche, à la messe, et aussi lors des baptêmes et des mariages.

Des roues de fortune-carillons de ce genre auraient existé, ou existent encore, à Locarn, Magoar, Laniscat, Notre-Dame du Riollon, à Pouldavid (près de Douarnenez). Si l'on en croit l'écrivain Tristan Corbière, une telle roue aurait existé à Saint-Thégonnec, près de Morlaix : on ne la faisait tourner qu'une fois dans l'année, pendant la grand-messe. Sa corde passait dans la main d'une statue en granit d'un saint... Tupetu (ou Tupétu), dont le nom, venant du breton *tu-pe-tu*, signifierait « d'un côté ou de l'autre » (allusion au hasard, ou au destin, qui fait basculer la balance de la vie vers le bonheur ou vers le malheur ?). Ce Tupetu est mentionné dans l'*Almanach du Père Ubu*, « calendrier de pataphysique », comme organisateur de loteries... : « *SQ* [Fête Suprême Quarte] *Ma 24 Saint Tupetu de Tupetu, organisateur de loteries 15 avril* ».

D'autres auteurs voient dans ces roues-carillons uniquement un équivalent des sonnettes des enfants de chœur. Il est possible que cet emploi ait été observé, mais cela ne peut pas justifier, expliquer, la dénomination de *rota Fortunae* relevée chez nombre d'auteurs anciens.

Ces roues-carillons – voir la *rota cum tintinnabulis* mentionné par Ducange – rappellent aussi les différents objets qu'en Asie les adeptes de plusieurs cultes font tourner en guise de prières et/ou afin de solliciter une grâce.

Il est, dans la vieille Armorique,
Un saint – des saints le plus pointu –
Pointu comme un clocher gothique
Et comme son nom : TUPETU.
Tristan Corbière, Les Amours jaunes, *« Saint Tupetu » (1873).*

Devinette/calembour... à peu-près

« De quelle ville d'Ille-et-Vilaine vient ce traversin ? »

Un Breton qui fait honneur...

Début novembre 1957 : Jean Coquelin, cheminot rennais né en 1908, conduit son train de voyageurs vers Saint-Malo... Quelque cinq cents passagers occupent les voitures de ce train à vapeur.

À trois kilomètres de la cité malouine, un retour de flamme de la chaudière le brûle et le transforme en torche vivante. En dépit de la souffrance, il pense d'abord à la sécurité des autres et se consacre à arrêter le convoi, le plus rapidement possible, certes, mais en toute sécurité pour les voyageurs. Là seulement, il se jette hors de la locomotive, dans l'herbe, près du ballast. Ses deux collègues, Jouan et Gautier, lui portent secours de leur mieux, en se brûlant eux-mêmes.

L'héroïque Rennais est transporté dans un état désespéré à l'hôpital de Nantes. Cinquante cheminots s'offrent pour un don de peau, sur lesquels quatorze sont convoqués à Nantes, où l'on va tenter les greffes. Trop affaibli, Jean Coquelin succombe le 11 novembre, après avoir subi d'atroces souffrances : le cœur a lâché.

Paul Hutin-Desgrées, dans son éditorial du 12 novembre à la une d'*Ouest-France*, salue *« l'immense valeur de leçon »* du sacrifice de Jean Coquelin. Les obsèques, très suivies, se déroulèrent à Rennes le 14 novembre.

La crise du logement sévissant toujours à Rennes dans les années 1955, dix ans après la fin de la guerre, des « castors », aidés bénévolement par des travailleurs du bâtiment, défrichent, abattent des arbres, construisent peu à peu leurs maisons, sans attendre que les branchements demandés (raccordement d'eau) soient enfin effectués. En 1956, un branchement provisoire permet l'installation d'environ vingt-cinq familles... qui n'ont pas de voirie. Leurs habitations donnent donc sur une « rue Leguen de Kérangal prolongée » *(sic)*.

En 1962, une vraie rue est créée, et, lors de sa séance du 8 mai 1962, le conseil municipal lui attribue le nom de Jean Coquelin, hommage de la ville à son courageux citoyen.

La ville de Noisy-le-Sec (Seine-Saint-Denis) a également donné à une de ses places le nom du conducteur. La plaque est ainsi libellée : « *Place Jean-Coquelin – Cheminot victime du devoir* ». À Lille, en 1958, la municipalité a donné le nom de « *rue du Cheminot-Coquelin* » à une artère ouverte en 1845 par la... Compagnie de chemin de fer du Nord. Une extrémité actuelle de cette rue emprunte le tracé d'une ancienne voie ferrée.

Si l'on ne craignait pas de mélanger les torchons et les serviettes, tellement le mot « élite(s) » est galvaudé aujourd'hui en France, nous n'hésiterions pas à dire que Jean Coquelin fait partie à jamais de l'élite de la Bretagne, de l'élite du pays.

Ce Breton fit son trou dans la vie grâce à des trous !

En voyant une notice consacrée au méconnu Alexandre Massé, né à Quimper en 1829, certains vont peut-être évoquer l'appartenance de l'auteur de ce livre à l'AAAA (Association des Amis d'Alphonse Allais) et son goût pour l'humour. Pourtant, ce texte ne relève en aucune façon du gag, du canular, de la « sorte » (comme on disait dans le jargon des typographes)...

Si, dans les années 1950, la comédienne et chanteuse fantaisiste Lucette Raillat fit un tabac avec une chanson du comédien, parolier et lui-même chanteur Pierre Louki : *La Môme aux boutons*, un siècle plus tôt un Breton fit fortune grâce à des boutons !

Par sa réussite industrielle, obtenue à la suite d'études brillantes, et par ses qualités humaines, que nous exposons ci-dessous, cet homme de bien mérite amplement sa place au sein du « panthéon breton ».

Orphelin à six ans (sa mère décède du choléra en 1832, son père la suit dans la tombe trois ans après), Alexandre Massé est recueilli par son parrain, archiviste départemental. Intelligent et appliqué, l'enfant fait d'excellentes études à l'école Saint-Corentin de Quimper, tenue par les Frères de la doctrine chrétienne. Au point d'accéder, à quinze ans, à l'École des arts et métiers d'Angers, dont il sort trois ans plus tard diplôme en poche.

De dessinateur-mécanicien à Nantes, il va prendre, à Paris, un poste plus important, dans une fabrique de boutons. Là, ayant démontré ses qualités d'ingénieur et un talent d'industriel, il se verra attribuer la direction de l'entreprise. Un de ses clients, M. Peticuénot, lui-même industriel, l'apprécie, et les deux hommes deviennent amis. Alexandre épouse Julie, la fille de son collègue, et, avec la dot s'ajoutant à ses revenus, il crée sa propre manufacture de boutons, de boucles et autres objets en métal, mettant en œuvre de nouveaux procédés de fabrication. Il dépose donc de nombreux brevets.

Des petits trous, encore des petits trous !

Et puis, c'est LA trouvaille qui va faire d'Alexandre un homme très riche à partir d'une invention qui paraît toute bête ! Les boutons de l'habillement, alors, étaient à deux trous (et non pas à six trous, comme la flûte dans une aventure des Schtroumpfs : les bédéphiles comprendront), et leur fil craquait à qui mieux mieux, ce qui était fort désagréable, voire dangereux : certains ont fait le rapprochement entre les rhumes, les grippes, les refroidissements, etc., et le fait que les vestes, les habits, les manteaux s'entrebâillaient trop fréquemment, en hiver, à cause des boutons qui fuyaient... Par ailleurs, les autorités militaires s'irritaient pour la même raison : les bidasses avaient autre chose à faire (par exemple, ramasser les mégots dans la cour !) que de recoudre à longueur de journée les boutons dans la chambrée… ou sur le champ de bataille.

Alexandre a un coup de génie : il ajoute deux trous, ce qui crée le « bouton à quatre trous », maintenu très solidement en place par le fil qui s'entrecroise. C'est un succès national, puis mondial ! Il obtient d'innombrables commandes, passe de grands marchés, notamment avec l'armée française. C'est la fortune !

Alexandre Massé devient une personnalité importante, mais sa notoriété est surtout attachée à sa région. À sa maison de maître de Quimper, il ajoute le château de Kernès[1], à Plomelin, où sa femme et lui se fixeront.

Dès l'accroissement de sa fortune, vers 1875, il va multiplier les gestes de philanthropie en donnant des fonds importants : fondation d'une bourse annuelle pour qu'un orphelin de Quimper puisse suivre des études ; création du bureau de bienfaisance municipale à Quimper… La maison de maître de Quimper deviendra un asile où seront accueillis les jeunes, voire très jeunes, orphelins sans ressources, que l'on prendra en charge et que l'on instruira. Le château de Plomelin se muera en école d'agriculture, en ferme-école (aujourd'hui lycée d'horticulture et du pay-

1. Ou Kerbernez.

sage), afin que les enfants déshérités puissent poursuivre des études professionnelles.

Alexandre Massé va ainsi léguer la totalité de sa fortune (il n'avait pas eu d'enfants) aux orphelins. Ce cerveau inventif avait aussi un cœur « gros comme ça », et cet homme fait honneur à la Bretagne.

Charade... de Brest !

Mon premier est un conteneur.
Mon deuxième est de saison quand il est normal.
Mon dernier supporte des bateaux, bretons ou non.
Mon tout est toujours cité dans le Morbihan.

Une île au soleil

Elle ne se trouve pas du côté des Caraïbes, cette île, ni aux antipodes ! Non, l'archipel qui porte son nom se trouve à quelque quinze kilomètres de la côte ouest du

Finistère... Molène, principale île de l'archipel du même nom, même pas un kilomètre carré, et ses deux cents habitants, est à mi-chemin de l'île d'Ouessant et du port finistérien du Conquet.

Les autres îles de l'archipel sont aujourd'hui désertées par les humains : Balanec, Béniguet, Quéménès, Trielen...

Molène revient dans le dicton cent fois répété – mais avec des variantes – et inspiré par les périls de la navigation en mer d'Iroise, en particulier quand on fréquente le Fromveur, ce passage à très violents courants situé entre Ouessant et l'archipel de Molène (*« Nul n'a passé Fromveur sans connaître la peur »*). La version la plus courante de ce dicton peu encourageant est la suivante : *« Qui voit Molène voit sa peine. Qui voit Ouessant voit son sang. Qui voit Groix voit sa croix. Qui voit Sein voit sa fin. »*

Faire du lèche-vitrines, à Molène, se résume à se rendre au magasin d'alimentation générale, au tabac-droguerie et à la poste. Sinon, il faut aller se détendre dans l'un des deux bars ou s'attabler dans l'un des deux restaurants...

L'événement qui a marqué l'histoire de ce « caillou » est assurément le naufrage du paquebot britannique *Drummond Castle*, en 1896. Le drame s'étant déroulé en huit à quinze minutes, il n'y eut que trois survivants sur plus de trois cent soixante personnes à bord. Les Molénais, dans des conditions de mer très difficiles, avec des moyens de communication très réduits, ne purent pas sauver plus de naufragés, mais ils se dévouèrent pour donner aux morts retrouvés une digne sépulture. Au nom du peuple britannique, la reine Victoria offrit aux Molénais une horloge et un calice en or pour l'église, et une citerne de trois cents mètres cubes pour l'eau potable. Un petit musée perpétue le souvenir de cette catastrophe maritime.

Est-ce pour demeurer à l'heure « anglaise », à l'heure du méridien de Greenwich ? Molène s'obstina à être une « île au soleil », refusant d'appliquer l'heure d'été et l'heure d'hiver, mais s'en tenant mordicus à l'heure solaire : soit, en été, avec un décalage de deux heures sur l'heure officielle, légale, fixée dans l'Hexagone. Aux dernières nouvelles, seuls quelques irréductibles poursuivraient la résistance...

L'île offrant des possibilités d'hébergement, certes réduites (un hôtel), et la desserte étant quotidienne (avec Brest ou Le Conquet), on recommandera aux amateurs d'air très vivifiant et de paysages maritimes exceptionnels de ne pas hésiter à aller voir Molène, sans négliger Ouessant, Groix, Sein... De plus, sans être un fleuron des Antilles, Molène profite d'un ensoleillement bien plus important que ne le disent ceux qui prétendent distinguer en Bretagne deux saisons : la petite saison des grandes pluies et la grande saison des petites pluies. Grrrrrrrr !

Le « lys des Valois »...

Interviewé par une chaîne de télévision, un vieil homme retrousse la manche de sa robe de chambre, et appuie sur les veines de la face antérieure de son poignet gauche : *« Tenez ! Regardez le lys des Valois ! »*, dit-il à la journaliste. Le téléspectateur, lui, ne doit pas bien voir : on est un peu dans la pénombre d'un intérieur de maison...

De plus, cela succède à de très mystérieuses et énigmatiques démonstrations de celui qui se présente comme un radiesthésiste : les téléspectateurs doivent, dans leur grande majorité, être fort dubitatifs... ou pliés en deux.

Robert Fleury, dit « Robert Fleury de Valois », radiesthésiste et sourcier, est-il vraiment un vieil aristocrate apparenté à la dynastie des Valois, et son épouse vraiment une grande « star » du music-hall des débuts du XXe siècle ? C'est fort douteux. En tout cas, en ces années 1985, ces vieilles gens vont être évacuées de l'île Dumet, en Loire-Atlantique, à environ six kilomètres, à vol d'oiseau, du joli port et station balnéaire de Piriac-sur-Mer. Cela fait bien plus de trente ans qu'ils y vivent en solitaires, puisqu'ils sont arrivés là en 1953, en tant que gardiens de ce « sol de mer » propriété de l'industriel Henri Dresch.

L'île Dumet est un point remarquable du globe terrestre : il est bien évidemment humoristique et fort peu scientifique de dire qu'elle est le « nombril du monde ». En revanche, elle a été officiellement reconnue en 1912, par l'Institut océanographique, comme étant le « pôle de l'hémisphère continental », le « point zéro des terres émergées ».

Ce modeste territoire de quelque six cents mètres de long sur cent cinquante mètres de large au maximum a eu une vie bien remplie. Sa superficie, variant selon les marées, est d'environ huit hectares. L'historien de Piriac et sa région, le père Émile Letertre, y voit, vu de terre, *« une langue de terre perdue dans l'océan, masse sombre et lointaine émergeant tout juste de la mer aux heures de brume, joyau scintillant au soleil du matin* [...]. *Jaillie de son écrin d'azur ou d'émeraude, l'île évoque parfois curieusement ces mirages qui subjuguent les familiers du désert. »* Ce vieil ami n'est pas le seul à nous avoir parlé de « mirages ». Des familiers de la région, scientifiques de formation, pratiquant la navigation de plaisance, tels Gilles Renaudeau, conseiller municipal et un des responsables de la Maison du patrimoine de Piriac, ou Jean-Yves Paumier, chancelier de l'Académie littéraire de Bretagne et des Pays de la Loire, ont évoqué devant nous ce phénomène des mirages en mer.

Une île très passante !

Il est possible – probable, avancent certains – que Dumet soit l'ultime vestige d'une terre émergée qui se serait effondrée vers 5 000 ans avant notre ère, lors du bouleversement du Massif armoricain. Les recherches menées pour déterminer quels ont été les différents occupants du « caillou » ont été quelque peu « sabotées » lors de recherches postérieures : des vestiges ont été égarés, ou perdus, paraît-il... On peut sans trop de risques avancer que ce lieu a dû attiser successivement la curiosité de Danois, de Saxons, de Gaulois... Sans doute aussi des Romains et des Vikings. Vers les Ve et VIe siècles, l'évêque de Nantes aurait converti des Saxons installés là, et des ermites se seraient fixés dans l'île. Mais, patatras, au VIIIe siècle, arrivée des inévitables Vikings, présents partout à cette époque ! Quatre siècles plus tard, c'est de nouveau l'épiscopat de Nantes qui est en possession de l'île, mais qui la concède aux cisterciens de Redon. Ces derniers défrichent et occupent la petite île...

Passons au XVIe siècle : cette fois, ce sont les Anglo-Espagnols qui s'emparent momentanément de l'île, en 1557. En 1590, retour des seuls Espagnols. En 1655, afin de protéger l'estuaire de la Vilaine, située à proximité, les Français installent des positions d'artillerie de marine. Un siècle plus tard, le très actif duc d'Aiguillon, le gouverneur de la Bretagne dont nous avons déjà parlé (voir p. 50), fait ériger un fort de plan circulaire, que l'on dénomme « fort de Ré » (est-ce une allusion, par comparaison, à l'île de Ré, fortifiée elle aussi ? On ne saurait l'affirmer). Cette fortification n'empêche pas les Anglais de prendre l'île...

que les Français réoccuperont en 1782, et démilitariseront. Des gardiens civils logent alors dans le fort de Ré.

Ces combats incessants convainquent les religieux toujours installés là d'abandonner en 1772 cette terre trop concernée par les guerres. Ils revendent l'île à un noble de la région. Les bénédictins vont laisser derrière eux des rumeurs de miracles dus à leur piété…

Arrive la Révolution, et Dumet verra passer royalistes et chouans.

En 1845, l'armée entreprend de construire un nouveau fort, le « fort carré », effectivement de forme carrée, du type Vauban, d'où sa dénomination de « fort à la Vauban ». Flaubert et Maxime du Camp, qui effectuaient alors leur athlétique randonnée à pied à travers la Bretagne (voir *Par les champs et par les grèves*, 1847), ont noté la construction de ce fort. D'aucuns s'étonnent : de nombreux aménagements auraient été menés au fil des années, de nuit et dans le plus grand secret… Est-on certain que le travail se faisait de nuit (il n'y avait pas d'électricité, sauf erreur) ? Et il semble des plus normal que le secret soit observé lors de travaux concernant des installations militaires : à cette époque-là déjà, « les murs avaient des oreilles » ! Sans tomber dans la paranoïa, on peut imaginer que tous travaux à caractère militaire devaient attirer la curiosité d'agents prussiens, anglais ou autres.

Le touche-à-tout Henri Dresch

L'armée abandonne l'île Dumet en 1879. En 1900, un feu de signalisation y est édifié, à cause de nombreux naufrages. Les années passent, les propriétaires aussi... En 1949, l'île est achetée par une personnalité hors du commun, Henri Dresch. Né à Alger en 1900, issu d'une grande famille alsacienne, c'est un fou de mécanique, pour laquelle il abandonnera ses études de médecine. Pilote d'essai dans l'aéronautique, ce qui faillit lui coûter la vie, il fonde en 1923 une entreprise, la « Dresch et Cie », qui fabrique des pièces de rechange pour motos, puis lance en 1925-1926 ses propres motos, les Dresch, qui sont « *robustes, simples, et à prix modéré* ». Dresch s'implante sur le marché et concurrence les grandes marques installées.

Dès 1937-1938, il s'intéresse à d'autres activités. Ainsi, il fonde le Circus Dresch (il est ami avec les Bouglione) ! Après-guerre, alors qu'il est passé à une société d'armement pour la pêche et le cabotage dans les Côtes-du-Nord (Côtes-d'Armor aujourd'hui), il navigue un jour du côté de Piriac, et découvre Dumet, qui le séduit sur-le-champ. L'île étant sans doute à vendre, ou bien Dresch convainc-t-il le propriétaire, il s'en rend acquéreur. (Il aura ensuite un autre coup de cœur, pour la pointe de Pen Lan, non loin de là, et achètera plusieurs parcelles de terrain, où il fera édifier le fameux domaine de Rochevilaine, un complexe hôtelier de luxe, aujourd'hui un Relais & Château très réputé.)

Dresch fait des travaux sur l'île, aménageant les locaux pour y recevoir des amis (notamment la chanteuse et actrice Colette Renard). Un vieux marin sert de gardien-intendant. Et arrive 1953, avec l'installation du curieux couple de nouveaux gardiens : les Valois, l'ancienne chanteuse et le radiesthésiste. Ils sont chargés de veiller sur le phare – le nouveau : celui construit en 1950 –, et de garder l'île. Occupant la maison des gardes, un vestige du fort du Ré, ils vont se retrouver sans vrai statut quand Dresch revendra l'île, en 1971. Leur présence étant tolérée, comme gardiens bénévoles, ils vont vivre là dans la pauvreté, sans électricité, avec un peu de ravitaillement et d'eau douce fournis chichement, et des liaisons radio deux fois par jour. Le courrier leur est apporté tous les quinze jours.

L'étrange « rayon orange » !

On est à peu près convaincu, aujourd'hui, que le couple s'est obstiné, sans doute à partir des idées fixes du radiesthésiste, dans la recherche d'un « rayon orange » qui assurerait énergie, santé et longévité à ceux qui découvriraient son principe. Et/ou dans la recherche d'un trésor remontant aux temps anciens, ou à une époque plus proche. Vaines recherches, puisque les deux vieillards, malingres, ont dû être évacués en 1986 (après trente-trois ans de résidence sur

Dumet). On les a hébergés sur la presqu'île guérandaise, où ils ont terminé leur vie, dans le dénuement, quelques années plus tard. Ils sont inhumés à Batz-sur-Mer.

Dumet a été acquise par le Conservatoire du littoral en 1990. C'est une réserve ornithologique réglementée. Des équipes de bénévoles veillent, principalement en été, à ce que les nombreux plaisanciers faisant une escale sur l'île – ce n'est pas interdit – respectent les lieux.

Les cisterciens sont « bonne pâte »

Quel rapport y a-t-il entre l'abbaye de Timadeuc, Noyal, Campénéac et Saint-Gildas-des-Bois ?

Question annexe : quelle particularité relève-t-on dans le nom de* Timadeuc *?

À Recouvrance…

Dans toute la Bretagne, le nom de Recouvrance est étroitement lié à Brest. Tout simplement parce que c'est le nom du célèbre quartier populaire – éventuellement pas trop bien famé, dans le passé – situé sur la rive droite de la Penfeld.

Relié à « Brest même » – le centre de la ville, habité par les « Ti-Zefs » (du prénom Joseph) – par le pont de Recouvrance, ce quartier peuplé d'ouvriers, de marins (et de militaires en bordée) a perdu, à la suite de la Seconde Guerre mondiale, ses remparts, bon nombre de vieilles rues et de maisons anciennes…

Ce « vieux Brest » naguère très bretonnant offre tout de même encore à ses habitants (les « Yannicks », d'après le prénom Jean), et aux visiteurs, de grands escaliers, des rues anciennes, et son aspect « en pente » ! Ce petit monde aujourd'hui très fréquentable est à voir absolument.

Aucun fest-noz, en Bretagne, n'échappe au chœur reprenant à l'unisson, à un moment ou à un autre de la fête, la célébrissime *Complainte de Jean Quémeneur*, désignée souvent sous son titre originel : *À Recouvrance*.

Cette complainte comique, faussement dramatique, est due, vers 1900-1910, au talentueux chansonnier brestois

Henri (parfois écrit Henry) Ansquer, auteur par ailleurs d'une autre complainte désopilante (en dépit du titre) : *Le Crime de la rue d'Suffren* et des truculents « comméraches » – d'après des « choses vues » – des dénommées Jenny-Hydriflore Corolleur et Victorine-Irma Kerdoncuff...

Alors, tous en chœur :

À Recouvrance
La complainte de Jean Quémeneur

I. *Il s'appelait Jean Quémeneur,*
C'était le fils d'une demi-sœur
De la fameuse Madame Larreur,
La grande Hortense.
Celle qui tenait un caboulot
« Aux gars de Dinard et d'Saint-Malo »
Tout près d'la caserne du Dépôt
À Recouvrance...

II. *Qui n'a pas connu ces gens-là ?*
C'était parents aux Kervella
Qui faisaient tant de tralalas
Et d'manigances,
Portant voilettes et grands chapeaux,
Qu'on aurait dit, ou peu s'en faut,
Qu'ça fréquentait des amiraux
À Recouvrance...

III. Son père était pompier au port,
Travaillant peu mais buvant fort,
Et jamais content de son sort
Comme bien on pense.
Avec sa pipe et son fanal
Il s'baladait dans l'arsenal.
De l'Arrière-Garde au Fer-à-Cheval
À Recouvrance...

IV. Sa mère était une Kermarec,
Vous savez bien : d'Lambezellec,
Une grosse sentant du bec,
Qui n'eut pas d'chance
Avec Jean son premier marin,
Bon garçon mais faible d'esprit,
Qui dans son grenier se pendit
À Recouvrance...

V. C'est par une nuit qu'il vit le jour
Au 13 de la rue de la Tour,
Il faisait noir comme dans un four,
Et, pas de chance,
Avec ça un vrai temps d'canard,
D'la pluie, du vent et du brouillard,
Ce qui mit la sag'femme en r'tard
À Recouvrance...

VI. Mais le malheur vint, qui l'eût cru !
Son père, un soir qu'il était bu,
Tomba sur la tête et mourut
Sans connaissance...
Et sa mère eut ce mot touchant :
« Gast ! Me voilà veuve à présent,
J'aurai plus d'père pour mon enfant
À Recouvrance... »

VII. Puis sa mère mourut à son tour
Toujours au 13 d'la rue d'la Tour,
Mais sa tante Yvonne Marchadour,
Qu'avait d'l'aisance
Et du cœur autant que d'l'argent,
Jura, le soir de l'enterr'ment,
De veiller sur le pitit Jean
À Recouvrance...

VIII. Comme tous les petits enfants,
Il eut la « cocotte » à cinq ans,
Et la « toque » pendant queq'temps...
Bref, son enfance
Fut celle de tous les moutards
Que, légitimes ou bien bâtards,
On voit courir sur les remparts...
À Recouvrance...

IX. Puis il grandit. Quand il fut grand,
Travailleur et intelligent,
Il voulut faire un vétéran.
Ici commence
L'histoire de ses amours avec
Marie-Madeleine Poulaouec,
La nièce de Jean-François Cusec,
À Recouvrance...

X. Elle était jolie comme un cœur.
Il l'épousa, fou de bonheur,
En notre belle église Saint-Sauveur.
Ah ! Quelle bombance !
Aussi quell'gaieté, quel entrain
Jusqu'à trois heur' lend'main matin,
Dans les salons du « P'tit Jardin »
À Recouvrance...

XI. Mais à cinq ou six jours de là
Cette drôlesse le trompa
Avec un sigond mait'calfat
Plein de prestance,
Un sergent-major, un fourrier,
Un commis du port, un pompier,
L'agent Paugam, et tout l'quartier,
À Recouvrance...

XII. *Pis v'là tu pas qu'à Kervalon,*
Femme sans cœur et sans raison,
Elle fit d'un quartier-mait'clairon
La connaissance.
Ils s'en allèr', bras d'sous, bras d'sus
Au pardon d'la chapell'Jésus.
Depuis, on n'les a plus revus
À Recouvrance...

XIII. *Le pauvre Jean, pour oublier,*
Se mit à boire, à s'arsouiller
Dans tous les bistrots du quartier,
À « l'Espérance »,
Au débit d'la mère Pouliquen,
Et même « Au retour du Tonkin »,
On n'voyait qu'lui soir et matin
À Recouvrance...

XIV. *Bref, un soir qu'il ventait très fort,*
Roulant de tribord à bâbord,
Il finit dans le fond du port
Son existence,
Ayant voulu, le pauvr'garçon,
Aidé d'son ami Kerouanton,
Larguer l'amarre du Pitit Pont
À Recouvrance...

Une commune bretonne qui marque les esprits

Troisième fils de Joseph (ou Julius Joseph) et Clara Schreiber, Émile Schreiber (1888-1967) sera un journaliste et écrivain connu, dont les enfants auront eux aussi le virus de la presse (et de la politique) : Jean-Jacques Servan-Schreiber (très brièvement ministre, principalement créateur et directeur de *L'Express*), Brigitte Gros (maire de Meulan, journaliste et écrivain), Christiane Collange (journaliste et écrivain) et Jean-Louis Servan-Schreiber (journaliste et patron de presse : *L'Expansion*, *Psychologies Magazine*).

Joseph Schreiber, ayant décidé de fuir l'antisémitisme régnant en Allemagne, quitta le pays en 1877 en vue d'émigrer aux États-Unis. Il devait donc s'embarquer au Havre... mais, auparavant, il rendit visite à des parents, à Paris. Là, changement de programme : il s'installe dans la capitale, où sa femme le rejoint en 1879.

Joseph (1845-1902) fonde une maison d'import-export d'articles de quincaillerie et de mercerie : l'entreprise J. J. Schreiber. En 1894, par décret en date du 22 novembre, les Schreiber sont naturalisés français.

Robert Schreiber (1880-1966), l'aîné des fils, reprend en 1902 l'affaire d'import-export, qu'il veut développer en envoyant à ses clients étrangers un bulletin-catalogue mensuel gratuit. Pour cela, il crée *Les Échos*, une petite publication de quatre pages, dont son frère Émile est le codirecteur. Ce minuscule journal-bulletin de liaison va devenir un quotidien économique – *Les Échos de l'exportation* –, qui deviendra l'important organe bien connu : *Les Échos*.

Voyageant beaucoup pour J. J. Schreiber, Émile en tire de nombreuses chroniques économiques très appréciées qui seront publiées dans *L'Illustration*, puis dans *Les Échos de l'exportation*. Il publie aussi plusieurs livres sur différents pays...

Pendant la Seconde Guerre mondiale, il adopte un pseudonyme littéraire : Servan, « pour faire plus français ». Cet alias lui a été suggéré, rapporte-t-on, par un de ses parents, un de ses frères semble-t-il, qui a retenu particulièrement le nom de la commune de *Saint-Servan*, en Bretagne, où il était passé...

Après avoir fait construire un chalet à Megève, où il installe sa famille, Émile rejoint de Gaulle à Londres.

Le 5 novembre 1952, un décret entérine le changement de patronyme : les Schreiber deviennent officiellement des Servan-Schreiber.

Une suite logique...

Soit une suite formée de noms de communes bretonnes. Cette série obéit à une règle : quelle est cette démarche et quelle ville de la seconde liste peut alors venir compléter la première série ?

a) Audierne – Lanvollon – Plancoët – Douarnenez – Morlaix – Ploudalmézeau – ??

b) Bénodet – Binic – Dinard – Bécherel – Locronan – Camaret – Carhaix – Guingamp – Fougères – Erquy – Loctudy – Malestroit – Tréguier – Moncontour – Plouha – Landivisiau

Non, il ne s'agit pas de barbarismes !

La langue française possède un lexique considérable, surtout si l'on prend en compte tous les argots, tous les jargons professionnels, tous les termes du domaine scientifique… Ainsi cherche-t-on en vain dans les dictionnaires usuels – mais cela est bien compréhensible – tel ou tel terme propre à une profession particulière dans un territoire bien délimité.

Restons en Bretagne, bien sûr, à savoir la Bretagne historique, incluant Nantes et l'actuelle Loire-Atlantique. À Batz-sur-Mer, en presqu'île guérandaise – dans le « pays blanc », les marais salants –, une très belle statue d'une « porteresse » (et non une « porteuse ») est érigée près du musée… des Marais salants. Due au sculpteur Jean Fréour[1], dont nous nous honorons d'avoir été du nombre de ses amis, cette œuvre superbe représente une jeune femme aux pieds nus portant sur sa tête une gède[2] remplie.

Enchaînons, si vous le voulez bien, par Quimper, chef-lieu du Finistère, et capitale de la Cornouaille[3]. Cette jolie ville aux quais très fleuris donnant sur l'Odet, et où il faut absolument voir le Musée départemental breton, est un fief de la faïencerie. Chacun a en tête le nom des manufactures locales qui ont rivalisé de créativité pour

---

1. Décédé en 2010, Jean Fréour était alors le dernier artiste vivant du mouvement des Seiz Breur (les Sept Frères), créé dans les années 1925 par Jeanne Malivel, James Bouillé, Suzanne et René-Yves Creston. Au fil des années, une cinquantaine d'artistes et intellectuels bretons s'intégrèrent à ce mouvement de renouveau de l'art breton.

2. Récipient en bois servant au transport du sel dans les marais salants.

3. Attention : la *Cornouaille* française, finistérienne, s'écrit sans *s* final ! Alors que la (naguère, on disait « les ») *Cornouailles* britannique (l'extrémité sud-ouest de l'Angleterre) se termine sur un *s*.

proposer aux clients des décors très emblématiques de la Bretagne.

Les artistes – le mot n'est pas usurpé – qui à longueur d'année ont peint, peignent toujours des motifs décoratifs sur les multiples objets fabriqués, sont nommés « peinteurs » et « peinteuses ». Les femmes étant beaucoup plus nombreuses, voire régnant sans partage dans les ateliers, le féminin seul est mentionné quand la profession est évoquée dans des articles de presse, sur des sites internet...

Attention : cette « Chiffon » était à mettre avec les serviettes !

Arrière-petite-fille de Mirabeau, Sibylle Gabrielle Riqueti de Mirabeau (Plumergat, château de Coëtsal, 1849 – Neuilly-sur-Seine, 1932) fut la dernière des Mirabeau (on lui fit sentir, dans sa famille, qu'on aurait préféré un garçon qui eût continué la lignée).

Née dans un milieu légitimiste, elle apprit l'équitation, la danse classique, l'escrime, et s'imprégna d'idées monarchistes et nationalistes, convaincue d'appartenir à une classe supérieure. Son arrière petit-neveu Olivier de Brabois a rédigé une biographie : *Gyp, comtesse de Mirabeau-Martel 1849-1932*, au sous-titre très parlant : *Pasionaria nationaliste, homme de lettres et femme du monde*[1].

Sa mère, née Marie Le Harivel de Gonneville, écrit pour *Le Figaro* et pour plusieurs périodiques, tout en se consacrant aux mondanités. Sibylle, devenue comtesse de Martel de Janville par son mariage, se pique de littérature à son tour, et va passer des articles pour *La Vie parisienne* et pour l'illustre *Revue des deux mondes*, à partir de 1877, à une production « stakhanoviste » (plus de cent vingt livres) de romans, sous le pseudonyme de Gyp. À l'époque, beaucoup de ces ouvrages rencontrèrent le succès.

De cette production massive... due aussi aux soucis pécuniaires – Gyp eut le plus souvent du mal à assurer le rang auquel elle tenait, recevant tous les dimanches des personnalités de la vie mondaine et artistique, la plupart engagés dans le boulangisme, le nationalisme, le combat antidreyfusard... –, on connaît encore, généralement, *Le Mariage de Chiffon*[2], que Claude Autant-Lara adapta au cinéma, en 1942, avec Odette Joyeux[3] dans le rôle-titre.

1. Éditions Publibook, 2002.

2. *Chiffon* est le surnom d'une jeune aristocrate excentrique. Il faut donc une majuscule. Nous l'apprendrons ici, semble-t-il, à un certain nombre de personnes sévissant sur internet, et qui doivent croire qu'il s'agit de « noces de chiffon », comme il y a des « noces de papier »...

3. Odette Joyeux (1914-2000), outre sa carrière d'actrice, a écrit des romans, des pièces de théâtre, des essais. S'inspirant de ses souvenirs d'enfance à l'école de danse de l'Opéra de Paris, elle a écrit *Côté jardin, Mémoires d'un rat*, roman dont l'adaptation à la télévision sous le titre de *L'Âge heureux* connaîtra un grand succès. Odette Joyeux fut la femme de Pierre Brasseur, et est la mère de Claude Brasseur.

Les autres romans, où Gyp, tout comme sa « Chiffon », se moque de la haute société... à laquelle elle est pourtant si fière d'appartenir, apparaissent très datés aujourd'hui. Si les personnages récurrents – l'adolescente gâtée, la jeune épouse, notamment – et leur milieu sont dépeints avec esprit, humour et vivacité, voire mordant et une belle capacité d'observation, le fond repose sur des valeurs aujourd'hui considérées par beaucoup comme démodées (on peut, pour certaines tel l'honneur, le regretter).

Le regard tourné vers la Vendée...

Nantes présente, entre autres particularités, celle de compter une statue de Louis XVI sur le domaine public. Le monarque guillotiné en janvier 1793 ne fait pas partie, en effet, des personnages de l'histoire de France les plus représentés sur des places, des terre-pleins, des avenues, des mails, des boulevards... À notre connaissance, et en respectant strictement la notion de lieu public, la seule autre commune à pouvoir se flatter d'avoir une représentation de Louis XVI sur la voie publique est une autre commune de Loire-Atlantique : Le Loroux-Bottereau. Encore faut-il préciser que la statue placée devant le parvis de l'église n'est qu'une copie de l'œuvre originale de

1822. Celle-ci, classée monument historique, a été mise à l'abri des intempéries, à l'office de tourisme. Au XIXe siècle, elle avait subi, en plus de l'outrage des ans, des dégradations multiples de la part de personnes peu favorables aux Bourbons...

Décapitée trois fois

On ne saurait considérer comme situées sur des voies publiques les statues de Louis XVI érigées dans le parc du château de Caradeuc (en Ille-et-Vilaine, installée seulement en 1950 : il s'agit d'un prêt de la Ville de Rennes) ou dans le parc de la célèbre abbaye-école de Sorèze (Tarn). Enfin, reste le cas d'une autre statue... nantaise : la mairie de Nant, en Aveyron, a accueilli à partir de 2001, dans son hall, un Louis XVI décapité. C'est un noble, Pierre Icher de Villefort, partisan des Bourbons, qui fit sculpter à ses frais la statue, en 1811. La succession des régimes politiques : Empire, Restauration, monarchie de Juillet, Seconde République, Second Empire, va durement secouer Icher de Villefort et sa statue ! Celle-ci sera même décapitée pour la troisième fois, en 1989... et la tête n'a jamais été retrouvée. Renonçant à faire procéder une fois encore à une... restauration, la municipalité recueille, en 2001 donc, la statue sans tête.

Les trois statues du Loroux-Bottereau, de Nantes et de Caradeuc sont dues au même sculpteur : l'Autrichien

Dominique Molknecht (1793, Castelrotto [Tyrol du Sud] – 1876, Paris), dont le nom est souvent déformé dans les textes.

La décision des édiles nantais de rendre hommage au roi alors régnant correspond sans doute à la volonté de rendre hommage à un souverain (« Louis XVI le bienfaiteur ») sous le règne duquel la ville était devenue une cité prospère et belle. La première pierre de la colonne devant comporter une statue en son sommet est posée en 1790. Patatras ! La Révolution vient arrêter les travaux : il devient très dangereux d'afficher des sentiments royalistes... De plus, les caisses sont vides. Le sculpteur Lamarie, chargé de réaliser en bronze une statue de Louis XVI vêtu à l'antique, se retire donc de l'affaire.

Les changements de régimes repousseront jusque sous la Restauration la reprise du projet. Déjà auteur de la statue installée au Loroux-Bottereau, Molknecht s'y colle, et la statue de « Louis XVI le martyr » est juchée, en août 1823, en haut de la colonne (vingt-huit mètres). Elle y est toujours, au centre de la place du Maréchal-Foch... que la plupart des Nantais appellent « la place Louis-XVI ».

Il se raconte qu'un paysan vendéen, dont on ne dit pas quels étaient ses états de service, ses fonctions, ni comment il aurait été consulté, ou amené à pouvoir donner son avis, aurait, avant l'installation de la statue, émis le vœu que le visage du roi soit tourné vers la Vendée, dont tant d'habitants s'étaient battus pour lui avec courage. Ce vœu aurait été exaucé, et c'est pourquoi la statue (enfin, celle qui fut reproduite à l'identique, en 1926, pour remplacer l'originale, très détériorée par les intempéries, l'érosion) regarde vers la Vendée. Vous pourrez le vérifier en visitant longuement la très belle Nantes…

Des bisous contre un bijou : c'est chou !

Bijou *est un des mots français usuels issus du breton* (bizou, *« anneau, bague », de* biz, *« doigt »). Au pluriel, on met un* x *: il en est de* bijou *comme de* caillou, chou, genou, hibou, joujou, pou.
À cette liste bien connue, il faut ajouter le verlan* ripoux *(« pourris »), depuis la sortie, en 1984, du film de Claude Zidi* Les Ripoux *;* *mais* ripous, *avec un* s *– plus logique – est admis également.
***L'usage hésite pour le nom des tripes accompagnées de pieds de mouton et de fraise de veau : selon la région, on écrit* tripous *ou* tripoux.**
Bijou *a un autre point commun avec* chou. *Lequel ?*

La corne de la Bretagne

Le bélier est l'emblème de la Cornouaille[1], dont le nom breton est : *Kernev.* En décomposant phonétiquement : *kern*, « cornes », et *knev* (d'après *krev*), « toison ». Associez cornes et toison, et vous aboutissez au… bélier ! CQFD.

Les Cornouaillais sont donc, par jeu de mots, comparés à des béliers. Une expression populaire dit donc : « Si cela devait arriver, que je sois transformé en bélier de Cornouaille (ou : « Je veux bien être transformé en bélier de Cornouaille ! »), autrement dit : « en Cornouaillais ! » (« *An dra-sene c'hoarvezo biken pe me 'vo maout e kernev !* »).

Un des principaux motifs de décoration bretons, que l'on retrouve dans tous les magnifiques habits bigoudens – le pays bigouden est une aire géographique et culturelle du sud-ouest du Finistère, nous sommes donc en Cornouaille –, est la « corne de bélier » (*korn-maout*).

1. Voir note n° 3, p. 112.

« Le homard au diable », façon George Sand ?

Si l'on n'est pas mû par un chauvinisme exacerbé, il faut se résigner de bonne grâce à accepter concurremment les deux expressions « homard à l'armoricaine » et « homard à l'américaine ». Même si l'amour porté à la Bretagne incite à voir dans la première la « vraie » appellation, l'appellation d'origine qui, seule, mériterait d'être retenue... Et, quand on voit les innombrables variantes proposées pour cette recette (ou ces deux recettes), et l'impossibilité de les rattacher forcément à telle ou telle des deux écoles, l'évident bon sens conduit à accepter la double dénomination. L'inventivité et le talent des cuisiniers de chaque côté de l'Atlantique a dû les conduire, un jour ou l'autre, à concevoir des recettes identiques, et il serait bien vain d'essayer de savoir quel maître queux a le premier élaboré la variante 56 ou quel chef, toqué ou non, a inventé la version 167...

Homard à l'américaine... *made in France*

La version « homard à l'américaine » serait à attribuer à un cuisinier français, Pierre Fraysse (souvent orthographié « Fraisse »), originaire de Sète et qui avait vécu longtemps aux États-Unis. Revenu en France avec assurément quelques moyens, il s'installa à Paris passage des Princes (à l'origine passage Mirès). Le passage des Princes fut le dernier des célèbres passages couverts parisiens à être ouvert, sous Haussmann, en 1860.

Fraysse, qui ne manquait pas d'esprit d'initiative, ouvrit donc un restaurant tout à la fois original et luxueux. Pour enseigne, il choisit son prénom... mais « à l'américaine » : l'établissement s'appela donc « Peter », puis « Peter's ». Le Tout-Paris s'y précipita, d'autant plus que Fraysse, avec un sens de la publicité digne de Barnum, avait fait construire un bassin qui accueillait crocodiles et grosses tortues. Il acheta ensuite un jeune ours de Sibérie, peut-être un ourson, qui, semble-t-il, se promenait en liberté au milieu des tables, quémandant de la nourriture... ou se servant à sa guise tout en amusant les clients. On peut supposer qu'en prenant de l'âge le plantigrade dut poser plus de problèmes.

Le chroniqueur Alfred Delvau, à qui l'on doit aussi un excellent dictionnaire d'argot de l'époque, raconte qu'à la « Peter's taverne », où l'on allait déjeuner plutôt que dîner, l'ale et le porter avaient la faveur d'une clientèle composée *« de boursiers, de gens de lettres, de journalistes, et d'une clientèle bourgeoise venue regarder manger tout ce petit monde »*. Le restaurateur n'était pas à court d'originalité, car Delvau mentionne aussi :

> *« Pierre Fraysse, qui a anglicisé son prénom, ce qui n'est pas du goût de notre anglophobe ami Honoré de Balzac, a inauguré*

une double tarification. Une pour sa clientèle aisée, l'autre pour "les simples paysans". Le choix étant vite fait pour les dîneurs en galante compagnie ne voulant pas sembler être pingres. La turtle-sup (soupe à la tortue) coûtait un franc cinquante au tarif paysan, et quatre francs pour "les gens de bien". L'autre spécialité était le fleury le plus exquis, venu directement de chez le vigneron, à un franc cinquante la bouteille (le salaire journalier d'une petite ouvrière, ou d'un manœuvre). »

Du homard... en morceaux

Venons-en maintenant au homard à l'américaine... Dans son livre *La Vie parisienne*, le célèbre chroniqueur gastronomique Robert Courtine cite une lettre-témoignage d'un de ses lecteurs. Celui-ci avait personnellement connu le cuisinier et restaurateur :

« Le homard à l'américaine a été créé en France et naturellement par un Français, Peters, né à Sète, et de son vrai nom : Fraisse.

« J'ai connu Peters vers 1900, alors qu'âgé de soixante-dix-huit à quatre-vingts ans il vivait modestement avec sa femme rue Germain-Pilon.

« Un soir qu'il était en veine de confidence, il me parla de ce fameux homard.

« De retour d'Amérique, où il avait fait, comme chef, un séjour

à Chicago, il fonda, en rentrant à Paris, le restaurant Peters (c'était, si je me souviens bien, peu avant 1860).

« Or, un certain soir, alors que le dîner était fini depuis longtemps, huit à dix convives survinrent presque au moment de la fermeture et insistèrent pour que Peters leur servît à dîner, en prétextant qu'ils n'en avaient que pour une heure.

« Peters, qui était la bonté même, consentit à se remettre à ses fourneaux, non sans se demander, avec quelque inquiétude, ce qu'il allait pouvoir leur servir.

« "Pendant qu'ils mangent le potage et les hors-d'œuvre, se dit-il, j'ai le temps de préparer un plat de poisson."

« Mais, de poisson, point !

« Il ne restait que des homards vivants, réservés pour le lendemain matin... Mais il ne restait plus le temps de les faire cuire au court-bouillon.

« C'est alors que Peters, sous le coup de l'inspiration, jeta dans la casserole du beurre, des tomates, de l'ail pilé, de l'échalote... puis du vin blanc, un peu d'huile, enfin une bonne dose de cognac – ce qui ne coûtait pas alors 1 400 ou 1 500 francs le litre.

« Quand tout fut arrivé à ébullition, Peters se dit : "Il n'y a qu'un moyen pour que le homard cuise vite, c'est de le découper en morceaux, et de les jeter dans la sauce !" Ainsi fit-il, et le résultat fut merveilleux.

« Les convives enthousiasmés demandèrent au grand traiteur quel était ce plat exquis et comment il se nommait.

« Et Peters, encore sous le coup de l'influence de son récent séjour en Amérique, tout à trac : "Homard à l'américaine !" »

Cette justification de l'appellation « à l'américaine » n'a pas fait – ne fait toujours pas – l'unanimité, bien sûr. Nombre de gastronomes et de grands chefs (Curnonsky, Prosper Montagné, Édouard Nignon…) affirment qu'on n'avait pas attendu Fraysse (ou Fraisse) pour cuisiner de cette façon, en France, le homard, et qu'il ne fallait pas ergoter sur les multiples petites variantes adoptées par les cuisiniers afin de soutenir qu'il s'agissait d'une recette jusqu'alors inconnue ici.

Raoul Ponchon (1848-1937), *« poète de troisième rang »* à ses propres yeux, bon compagnon et franc buveur, auteur des fameux vers :

Quand mon verre est vide,
Je le plains.
Quand il est plein,
Je le vide.

s'est penché, par un quatrain, sur notre recette de homard :

Une Américaine était incertaine
Sur la façon de faire cuire son homard.
« Et si nous remettions la chose à plus tard ? »,
Dit le homard à l'Américaine.

Charade... de Brest

Mon premier adore se chauffer au soleil.

Mon deuxième est souvent joyeux, dit-on.

On doit beaucoup casser mon dernier dans certain établissement (au moins) du côté du Mont-Saint-Michel, qui, sans la « folie du Couesnon », serait en Bretagne...

Mon tout est toujours cité dans les Côtes-d'Armor.

Impréparation, gabegie et méfiance...

Kératry, tu nous as donné
Des biscuits salés,
De la goutte et des cartouches.
Kératry, tu nous as donné
Des biscuits moisis,

De la goutte et des fusils...
Des cartouches qui nous pètent au nez,
Des fusils rouillés...
Vive la Prusse et la France !
Les cartouches, elles nous pètent au nez,
La goutte est mouillée...
À bas Guillaume et Chanzy !

Dans sa chanson *Kerfank 1870*, le groupe nantais des Tri Yann fait allusion à la guerre de 1870, à la situation des soldats bretons rassemblés à Conlie, dans la Sarthe, dans des conditions abominables, et aussi, notamment, à un nommé « Kératry ». Mais qui est donc ce personnage ?

Certes, Émile de Kératry (Paris, 1832 – *id.*, 1904) n'est pas né en Bretagne, pas plus que son père Auguste Hilarion (voir p. 129), mais la famille est authentiquement bretonne et le parcours de l'un et de l'autre est lié au *Bro Breizh*[1].

Émile de Kératry, après une carrière dans l'armée – il participa à l'expédition du Mexique –, fut élu, comme son père auparavant, député du Finistère, en 1869. Il est au nombre des opposants au régime de Napoléon III, membre du « tiers parti », nom donné, à partir de 1864-1865, à un regroupement assez disparate de conservateurs-libéraux-républicains modérés...

1. *Bro Breizh* : « pays breton ».

À la chute de l'Empire, il est nommé préfet de police de Paris, fonction dont il démissionne rapidement, quittant la capitale en ballon. Gambetta le nomme général de brigade et le met à la tête de l'armée dite « de Bretagne ». Émile de Kératry, partisan de la guerre à outrance contre les Prussiens, réunit donc les mobilisés et s'emploie à recruter, aussi, des volontaires. Il a reçu l'ordre de rassembler tous ces hommes à Conlie, près du Mans, où il doit établir – à la hâte – un camp où les recrues seront formées, également à la hâte.

Non aménagé, le lieu se transforme en bourbier en raison des conditions climatiques (pluies torrentielles, neige, froid) et de l'arrivée d'un trop grand nombre d'hommes qui piétinent sur place. Il n'y a pas de baraquements, mais des tentes élevées dans la précipitation ; il n'y a pas de chaussures, pas de couvertures, peu de nourriture... Les armes promises n'arrivent pas, il n'y a pas d'instructeurs en nombre suffisant. Le découragement gagne les hommes, frappés par les maladies : variole, fièvre typhoïde, notamment. Le contingent breton arrivé là à partir de la mi-novembre est décimé : on parle de cinq cents hommes mis hors service chaque jour !

Fusils rouillés et cartouches abîmées

Émile de Kératry alerte Gambetta à plusieurs reprises. En vain... Le gouvernement de la Défense nationale – et peut-être Gambetta lui-même – aurait éprouvé des doutes sur cette armée de quelques dizaines de milliers de « chouans », soupçonnés de menacer la toute jeune République... On ne voit pas d'autre explication à l'étrange comportement de Gambetta. Émile de Kératry démissionne et est remplacé par le général de Marivault[1], qui décide immédiatement d'entamer l'évacuation du bourbier, sans attendre l'accord de Gambetta. Cet accord arrivera enfin, quelques jours après...

Ayant reçu de vieux fusils rouillés et des cartouches abîmées, les Bretons les moins fatigués par les privations et par les conditions d'hébergement seront envoyés renforcer l'armée de Chanzy. Mais, mal armés, épuisés, les hommes venant de Conlie seront écrasés par les Prussiens et Chanzy sera vaincu au Mans. Devant la commission parlementaire qui enquêtera sur le déroulement des combats, le général de Lalande – nommé général de brigade au titre auxiliaire en novembre 1870 – déclarera : « *Je crois que nous avons été sacrifiés. Pourquoi ? Je n'en sais rien. Mais j'affirme qu'on n'aurait pas dû nous envoyer là, parce que l'on devait savoir que nous n'étions pas armés pour faire face à des troupes régulières.* »

1. Quand Marivault, prenant le commandement à Conlie, passe les troupes en revue, il entend, venant des rangs des bretonnants, ce qu'il croit être un appel patriotique général en faveur de la guerre contre les Prussiens, une demande à marcher au front... Mais « *D'ar ger, ma général, d'ar ger !* » signifiait bien au contraire, de la part d'hommes épuisés, malades : « À la maison ! ». Le début de la chanson des Tri Yann fait référence à cet appel de fantassins découragés.

Émile de Kératry devint préfet de Haute-Garonne en mars 1871, puis préfet des Bouches-du-Rhône en novembre de la même année, pour peu de temps, car il démissionnera en août 1872. Le Breton va dès lors se consacrer à l'écriture d'ouvrages historiques fondés sur ses souvenirs et de pièces de théâtre. Une activité qu'il avait commencée dès les années 1855-1860...

Doyen d'âge, donc président...

Né à Ollioules (Var) en 1769, Auguste Hilarion, comte de Kératry, père du précédent, mena lui aussi une vie où politique et littérature s'additionnèrent. Issu d'une famille bretonne, bien sûr, il adopta les idées révolutionnaires, mais faillit cependant être victime, à Nantes, des excès du dénommé Carrier ! Sous la Restauration, en 1818, il fut élu député du Finistère, et défendit des idées libérales face au régime des Bourbons. Ses écrits dans le *Courrier français*, dont il était l'un des fondateurs, lui valurent des poursuites, mais il fut acquitté.

Il s'engagea dans le mouvement contestataire qui aboutit à la révolution de juillet 1830. Le régime louis-philippard le vit être nommé au Conseil d'État et être élevé à la pairie. En 1848, autre année révolutionnaire, il démissionna du Conseil d'État. En 1849, il fut élu à l'Assemblée législative et, étant le doyen d'âge, se retrouva être son président...

Toute sa longue vie, il écrivit, passant des poèmes à des romans ou à des essais, des années 1790 *(Contes et Idylles)* aux années 1850 *(Clarisse)*.

QUIZ

Qu'est-ce que « le Jerzual » ?

a) Un rocher gigantesque situé à la pointe du Raz ?
b) Une célèbre rue de Dinan ?
c) Un quartier ancien de Quimper ?
d) Un bagad départemental du Finistère ?

Un « homme de couleurs » chez l'Homme noir…

Né dans une famille de la bourgeoisie nantaise, le peintre postimpressionniste Ferdinand Auguste Marie Loyen du Puigaudeau (Nantes, 1854 – Le Croisic, 1930) est sans doute méconnu hors de Bretagne. Pourtant, son œuvre n'est pas négligeable, et ses tableaux ont fait partie – font partie –, à juste titre, d'expositions permanentes ou itinérantes de plusieurs musées (Nantes, Quimper, Morlaix, Pont-Aven... et même Paris).

Après des études classiques, du Puigaudeau voyage en Italie et en Tunisie, et commence à peindre. Revenu en France, il fait la connaissance, à Pont-Aven, de Gauguin, d'Émile Bernard et d'autres artistes qui formeront le courant pictural connu sous le nom d'« école de Pont-Aven ». Un voyage en Belgique lui permettra de rencontrer le « groupe des XX », James Ensor...

Feux d'artifice et couchers de soleil

C'est en 1890 qu'il présentera officiellement un premier tableau, au Salon de la Société nationale des beaux-arts. Nouveau voyage en Italie, à Venise, où il réalise une cinquantaine d'œuvres. Ce fils de famille doit faire face, ensuite, à des difficultés financières, qui le contraindront à se fixer en Loire-Atlantique, à Batz-sur-Mer. En 1907, il s'installe dans un petit manoir à la sortie du Croisic : le manoir de Kervaudu (« manoir de l'Homme noir », inscrit au titre des monuments historiques en 1921). Il y vivra jusqu'à sa mort, avec sa femme, Henriette Van den Broucke[1], portraitiste, spécialiste des miniatures sur ivoire. Edgar Degas l'appellera

1. L'ethnologue Odette du Puigaudeau est leur fille.

« l'ermite de Kervaudu » ; d'autres amis le surnommeront... « Picolo », allusion assez transparente à sa dépendance à l'alcool liée à la dépression.

Du Puigaudeau s'attachera dès lors à représenter la presqu'île guérandaise – Le Croisic, Batz-sur-Mer, les marais salants... – et la Grande Brière (qui a donné son nom à l'œuvre maîtresse du romancier Alphonse de Châteaubriant[1], prix Goncourt pour *Monsieur des Lourdines*). À Kervaudu, du Puigaudeau reçoit notamment Jean-Émile Laboureur, grand artiste de la région, dont les œuvres sont toujours recherchées.

Reflet du caractère dépressif qui se saisit de lui dans les dernières années, ou bien recherche d'effets crépusculaires, du Puigaudeau va avoir une « période nocturne », où il représente des feux d'artifice, des couchers de soleil, des fêtes foraines le soir, pour revenir, à la fin de sa vie – lui, un peintre, donc un « homme de couleurs » – à des atmosphères plus ensoleillées, bien que sa situation pécuniaire ne soit pas des plus florissantes (c'est une litote...).

Professeur d'Enver Hodja !

Kervaudu sera occupé, ensuite, par l'étonnant Xavier de Courville – un homme qui, en Albanie, directeur du lycée français de Korça, apprit le français à Enver Hodja (ou Enver

1. Cousin de Ferdinand du Puigaudeau.

Hoxha), qui fut de 1945 à sa mort, en 1985, le dirigeant de ce pays. Marié à « une Casadesus » (en l'occurrence, Jacqueline), Xavier de Courville animait – avec son épouse – le Théâtre Arlequin – Micropéra, qui, à Paris, proposait des spectacles de chansons, du mime, etc. Ces mini-spectacles de qualité furent donnés, aussi, dans la « grande » salle de Kervaudu… ou dans des lieux choisis de la presqu'île guérandaise, au château de Careil, par exemple. La fille de Xavier de Courville et de Jacqueline Casadesus, la comédienne, mime et chanteuse Bernadette Bernard, reprit de temps en temps sur la presqu'île les spectacles du Micropéra, entre autres un récital, joué et chanté, de vieilles chansons traditionnelles, du Moyen Âge à l'Ancien Régime.

Actuellement, Kervaudu est toujours une propriété privée, habitée à longueur d'année.

Curiosité à… vanter !

Le vent – on devrait toujours dire « les vents » tellement ça souffle parfois, ici ! – balaie très souvent cette pointe rocheuse qui est la petite sœur de la pointe du Raz… Ce lieu magnifique, à voir sans hésiter, même si Éole se manifeste (en restant éventuellement, dans ce cas, en retrait du bord des falaises), domine elle aussi la baie des Trépassés. On ne manquera pas, bien sûr, de voir la chapelle Saint-They, et les rochers remarquables tels « Morgane ».

Eh bien, il ne s'agit pas de la « pointe du Vent »... mais de la « pointe du Van » ! À l'extrême ouest de la commune de Cléden-Cap-Sizun (Finistère).

Pour faire un bon kouign-amann...

Fernandel, tout sourire chevalin sorti, a chanté naguère, avec son grand talent, la bouillabaisse de sa Provence natale : *« Pour faire une bonne bouillabaisse, / Il faut se lever de bon matin. / Préparer le pastis, et sans cesse / Raconter des blagues avec les mains. »* Etc.

Pour se caler les joues, en Bretagne, rien de mieux que le « gâteau au beurre » (ou « gâteau beurré ») : le kouign-amann, le désespoir des diététiciennes ! À consommer avec modération, si l'on ne veut pas « exploser » son IMC (indice de masse corporelle)...

Ce gâteau emblématique de la Bretagne aurait vu le jour à Douarnenez, par la grâce d'un boulanger-pâtissier de la ville : Yves-René Scordia, vers 1865. D'autres versions circulent, évidemment, mais situant cependant toujours dans le

Finistère le lieu de naissance de ce délice aux ingrédients simples : farine, beurre et sucre.

Le kouign-amann se sert tiède, ce qui fait ressortir à la fois les arômes de beurre caramélisé, et aussi sa pâte feuilletée craquante et son aspect fondant, qui ne dissimule pas sa générosité en beurre...

Ingrédients pour un kouign-amann traditionnel (environ vingt centimètres de diamètre et trois à quatre centimètres d'épaisseur) :
400 g de farine
300 g de beurre
250 g de sucre en poudre
20 g de levure de boulanger fraîche
1 ou 2 pincées de sel
10 cl d'eau.

Délayez la levure dans l'eau tiède. Mélangez avec la farine. Ajoutez le sucre. Ajoutez presque tout le beurre (qui aura été ramolli, auparavant). Sur une surface farinée, travaillez la pâte comme pour un feuilletage. Faites quatre tours, et à chaque fois beurrez légèrement la pâte et poudrez de sucre. Entre chaque tour, laissez la pâte reposer vingt minutes.

Préchauffez le four à 210 °C (th. 7). Mettez la pâte dans un moule bien beurré, et faites cuire une demi-heure. Au bout de dix minutes, versez un peu de beurre, et renouvelez cette opération toutes les cinq minutes, pour maintenir l'onctuosité. Cela permet aussi de surveiller la cuisson...

À la sortie du four, laissez refroidir un peu, afin de servir seulement tiède. Poudrez de sucre une dernière fois. Et prévoyez votre ou vos boissons favorites, car le kouign-amann donne soif !

« Très honoré, mon cher Balzac ! »

Figurant dans la série dite des « Scènes de la vie privée », *le roman* Béatrix, *d'Honoré de Balzac, tourne principalement autour de quatre personnages : Béatrix de Rochefide, Félicité des Touches, Calyste du Guénic et Gennaro Conti. Pour trois d'entre eux, Balzac s'est inspiré d'un « trio » de contemporains connus... De qui s'agit-il ? Et dans quelle ville, surnommée « la Carcassonne de la Bretagne », cela se déroule-t-il ?*

Tout espoir n'est pas perdu !

« *Le Couesnon, par sa folie, a mis le Mont en Normandie* », déplorent les Bretons pessimistes, fort chagrinés que les divagations du petit fleuve côtier aient rattaché le Mont-Saint-Michel à la région rivale et voisine. Mais les Bretons optimistes, ne perdant pas espoir, affirment : « *Le Couesnon, dans sa raison, le rendra aux Bretons !* »

Où est le bon sens ?

Rivière de quelque quarante kilomètres, l'Acheneau – qui a pour affluents le Tenu, la Blanche et le ruisseau des Marais-Heureux – part du lac de Grand-Lieu (Loire-Atlantique) et rejoint la Loire via sa dérivation du canal de Buzay et le canal de la Martinière.

Créé pour permettre aux bâtiments à fort tirant d'eau de pouvoir gagner Nantes autrement que par la navigation sur une Loire encombrée de vase et de bancs de sable, le canal de la Martinière – dit « canal latéral de la Loire » ou, plus officiellement, « canal maritime de la basse Loire » – sera ouvert en 1892 après une petite dizaine d'années de travaux. Cette réalisation qualifiée de « pharaonique » sera abandonnée en 1911 ! Peu à peu, le canal de la Martinière deviendra un asile pour bateaux désarmés, au chômage... Il est fermé à la navigation en 1959.

Aujourd'hui, un certain nombre d'épaves sont encore alignées le long des rives qui constituent pour les Nantais un lieu de promenade apprécié, même si le canal n'a pas la vivacité d'une rivière.

À part offrir aux pêcheurs à la ligne le plaisir de pratiquer le sport halieutique et, à d'autres, des activités nautiques, le canal de la Martinière participe grandement à la régulation hydraulique, par un système complexe de vannes, de barrages, de siphons et d'écluses. Cet ensemble d'ouvrages de vannage permet soit de drainer les eaux des marais du pays de Retz vers la Loire, soit, en cas de sécheresse, d'irriguer ces marais grâce aux eaux de la Loire.

En raison de ce système de régulation, et parce que l'Acheneau n'a quasiment pas de dénivelé – quarante centimètres pour quarante kilomètres ! –, cette rivière est peut-être la seule de France dont le cours peut s'inverser... Il n'y a plus de bon sens !

Quand sainte Anne est reçue chez les Fils du Ciel…

Commune de quelque cent cinquante habitants, La Selle-Guerchaise, dans le département d'Ille-et-Vilaine (arrondissement de Fougères-Vitré), comporte un monument certainement unique en Bretagne… À savoir une authentique pagode orientale abritant une chapelle catholique !

Missionnaire, le père François Lizé, né à Châteaugiron en 1838, et qui fut recteur de La Selle-Guerchaise de 1875 à 1878, a fait venir par bateau, en « kit », cette construction fort élégante. Les avis recueillis divergent quant au lieu de construction : en Chine, où le religieux séjourna avant d'être rapatrié pour des raisons médicales ? En Indochine, puisqu'il appartint à la mission de Saigon ?… Quoi qu'il en soit, avec l'aide de ses paroissiens, l'ecclésiastique féru d'Extrême-Orient remonta son Meccano de bois, et en fit une chapelle à proximité du bourg sans que cela suscite la moindre opposition, ni de sa hiérarchie ni de la population…

La jolie construction octogonale, avec ses faux balustres et fenêtres, ses murs intérieurs peints de frises géométriques, de pots de fleurs, de chapiteaux, mérite assurément le détour. On la nomme « chapelle du Pâtis », d'après le lieu-dit sur la route de Brains-sur-les-Marches, ou, tout autant, « chapelle Sainte-Anne », puisqu'elle est dédiée à la patronne de la Bretagne. L'abbé Lizé installa d'ailleurs à l'intérieur de l'édifice une statue de sainte Anne qui se serait trouvée sur la façade d'une maison du village du Pâtis. On pense qu'auparavant ladite statue aurait appartenu à une autre chapelle : celle du Poncel.

Cette statue en bois – placée dans une niche à éclairage zénithal – représente sainte Anne portant la Vierge, qui elle-même tient l'Enfant Jésus dans les bras. C'est ce que l'on appelle une statue de « sainte Anne trinitaire », parfois qualifiée de « sainte Anne aïeule ».

Le religieux, dont le portrait figure sur l'un des murs, ressemblerait, dit-on, avec la longue barbe généralement arborée par les missionnaires de cette époque, à un mandarin. La comparaison semble toutefois un peu facile…

François Lizé, missionnaire dans l'âme, repartit en Asie, où il mourut en 1887, à 49 ans, à Wing-Long (ou Ring-Long). Sa chapelle-pagode, depuis, a toujours été soigneusement entretenue par la commune et par les habitants de La Selle-Guerchaise. L'édifice a été restauré il y a peu d'années.

Enfin, chaque visiteur vérifiera si, oui ou non, la statue de sainte Anne, estimée être du XVIe siècle, a bien, comme on l'affirme sur place, les… yeux bridés !

« Lamoricière !
Cessez de faire le zouave ! »

Le Nantais Lamoricière (Christophe Louis Junault de Lamoricière, Nantes, 1806 – près d'Amiens, 1865) fut une des grandes figures de « l'armée d'Afrique ». Il est pour toujours le chef historique du corps des zouaves.
Son nom reste lié à un « dispositif », si l'on peut dire, dont il fut le créateur – à moins que le mérite n'en revienne à l'un de ses officiers... Quel est ce « dispositif » ?

Phare breton au nom d'outre-Rhin...

À Penmarch (Finistère), érigé sur la pointe (de) Saint-Pierre, se dresse le phare d'Eckmühl, un des phares maritimes les plus précieux et utiles, car il sécurise une côte rendue très dangereuse par ses nombreux récifs. Construit en pierre, ou granit, de Kersanton, ce phare dépasse les soixante mètres : son escalier, dont la cage est couverte de plaques d'opaline, compte trois cent sept marches ! Cela ne décourage personne, puisque ce phare, classé au titre des Monuments historiques, est l'un des lieux les plus visités du Finistère.

Des esprits curieux peuvent s'interroger : pourquoi ce nom d'« Eckmühl », manifestement germanique ? Répondre que cela est dû à une volonté de la marquise Adélaïde-Louise de Blocqueville n'éclairera sans doute pas beaucoup, même s'il s'agit d'un... phare !

La marquise était la fille d'un des plus fidèles maréchaux de Napoléon : Louis Nicolas Davout (né d'Avoust). Au sein d'une brillante carrière militaire, marquée aussi par une attitude d'une grande droiture, il faut retenir sa victoire très méritoire à Auerstaedt contre des troupes fort supérieures en nombre, ce qui lui valut le titre de « duc d'Auerstaedt ». En 1809, il devient « prince d'Eckmühl », en raison de son rôle essentiel lors de la bataille du même nom, en Bavière.

La marquise finança en partie – trois cent mille francs de l'époque, légués par testament – la construction du phare, à condition que celui-ci soit construit en Bretagne, et en un lieu sûr, pour résister au temps, et qu'il porte le nom d'Eckmühl, afin que « *les vies ainsi sauvées rachètent les larmes versées par la fatalité de la guerre, que je redoute et déteste plus que jamais* ».

Le legs survient en 1892. Les travaux débutent en septembre 1893 et l'inauguration se déroulera le 17 octobre 1897.

Une statue en bronze de Davout, prince d'Eckmühl, réduction de celle se trouvant à Auxerre, et offerte par sa fille, accueille dans le campanile les visiteurs du phare.

La roulade Sévigné...

Hommage à l'épistolière invétérée, cette spécialité de Vitré – la marquise résida très souvent dans son château des Rochers-Sévigné, à proximité de la ville – consiste en une roulade de pintade fermière désossée farcie de champignons de Paris, de cerneaux de noix et de pommes reinettes. La femme de « lettres » étant une référence, à Vitré toujours on trouvera des « baguettes Sévigné » : des baguettes de pain au sésame. Un sésame qui doit « ouvrir » l'appétit ! Une autre spécialité savoureuse de la cité se contente d'en référer à la ville, sans appeler en renfort la mère de Mme de Grignan : il s'agit d'un gâteau simplement appelé « le vitréais », associant biscuits aux amandes façon génoise et pommes caramélisées.

Les mascarons de Nantes...

Attention ! Il ne faut pas se laisser abuser par la paronymie ! Les *mascarons* nantais seraient quelque peu difficiles à digérer, au contraire de moelleux *macarons*. Ville ayant bâti sa richesse sur la grande aventure maritime et commerciale avec les pays lointains, y compris par la traite négrière, Nantes a pour particularité les décorations qui ornent les façades – les clés de voûte des portes et des fenêtres – des magnifiques hôtels d'armateurs. En particulier dans ce que l'on continue à appeler « l'île Feydeau » – bien que le comblement des bras de la Loire en ait depuis longtemps fait disparaître l'insularité –, et le long du quai de la Fosse.

Mascaron étant un terme apparenté à *masque*, le mot désigne des figures sculptées, le plus souvent burlesques, grotesques, fantastiques. Datant de la seconde moitié du XVIIIe siècle et du XIXe siècle, ces visages sont généralement ceux de divinités maritimes chevelues, barbues, auréolées de coquillages (Neptune-Poséidon en tête, dieu de la Mer... et aussi, ici, du Commerce, n'en déplaise à Hermès), d'autres divinités telles que Cérès, Bacchus et Éole, de faunes sarcastiques, de personnages exotiques emplumés ou non représentant l'outre-mer, de pirates... Voire, tout bonnement, de propriétaires des lieux.

Cette spécificité architecturale de la cité des Ducs est très attrayante et captive toujours Nantais et touristes avides de curiosités.

⁂

Et un château pommes frites ! Heu, non, un « chateau » pommes frites !

Pendant des décennies, de nombreux lexicographes, des linguistes, ont affirmé, dans leurs dictionnaires, que le nom de la tranche épaisse de filet de bœuf grillée servie avec des pommes de terre soufflées et une béarnaise ou une sauce *château* devait être orthographié exclusivement *chateaubriand*, comme le patronyme du célèbre écrivain. Cela, parce que l'invention de cette préparation était attribuée, en 1820, à Montmiriel (ou Montmirail) cuisinier de Chateaubriand, quand l'écrivain était ambassadeur de France à Londres.

Déjà, on constatait une incohérence dans les dictionnaires qui prônaient la graphie *chateaubriand*, y compris dans « sauce chateaubriand » et « œuf(s) chateaubriand », sans accent circonflexe et avec un *d* final, puisqu'ils donnaient, en même temps, les abréviations « sauce château, pommes château » et « un château », avec un accent circonflexe ! (Ou, alors, il fallait justifier une autre étymologie pour l'abréviation...)

Depuis quelques lustres, la ville de Châteaubriant[1], en Loire-Atlantique, a vigoureusement contre-attaqué. L'Académie du châteaubriant, confrérie gastronomique fondée en 1994, met en avant la longue et forte réputation de la ville en tant que marché bovin des plus importants depuis... mille ans. Aujourd'hui, le marché aux bestiaux de Châteaubriant est le troisième de France (et même le deuxième pour les gros bovins).

S'ajoute à cela le fait que, dans ses *Mémoires d'outre-tombe*, Chateaubriand revendique sa parenté, sa filiation, avec les barons de Châteaubriant, et mentionne un glissement d'orthographe ! Donc, son cuisinier aurait, en quelque sorte, inventé le plat pour « François-René de... Châteaubriant ». Bref, il est devenu impossible de s'y retrouver, et le bifteck a la couleur du jus de boudin ! Résultat : tous les dictionnaires (ou presque ?) référencent maintenant les deux orthographes, considérées comme licites. Mais il reste illogique d'utiliser côte à côte *chateaubriand* et *château* !

1. Connue par ailleurs, et malheureusement, pour l'exécution d'otages par les Allemands, en octobre 1941, en représailles de l'assassinat à Nantes du lieutenant-colonel Karl Hotz, commandant en chef des troupes allemandes en Loire-Inférieure (nom du département, à l'époque).

Katell Gollet

Katell Gollet est souvent représentée dans les calvaires… Pourquoi ?

Un coco… blanc

Dans le langage populaire, et en matière politique, les « cocos » sont plutôt qualifiés de « rouges » ! Cela renvoie d'ailleurs plutôt à un vocabulaire quelque peu démodé et parfois caricatural…

Du côté de Paimpol, en revanche, le « coco » est blanc, et bénéficie d'une AOC (appellation d'origine contrôlée) depuis 1998 et d'une AOP (appellation d'origine protégée) depuis 1999.

C'est en 1928 qu'un marin nommé Alban rapporte d'Argentine des graines de coco, et les plante dans ses terrains de la région dite du Goëlo. Depuis, la production du légume n'a cessé de croître ! Le coco, haricot demi-sec aux grains ovales presque ronds, accompagne parfaitement différents plats, tel le cabillaud en cocotte, ou bien se suffit à lui-même, servi en salade tiède avec une sauce tomate.

Délicieux, le coco présente un avantage sur d'autres haricots secs ou demi-secs également goûteux : il ne provoque pas...comment dire ? Il n'entraîne pas de... flatulences !

Devinette

Quel est le plus léger des coquillages, bien connu des Bretons ?

« *Chez Emma* »

Il était une fois un nommé Louis Rousseau, né en 1787 dans la Beauce. La famille a quelques relations, certainement, puisque Louis est le filleul du duc de Penthièvre et de sa bru la princesse de Lamballe...

On sait qu'il suit des études à Paris, où il se liera d'amitié avec Marc Seguin, le concepteur de la machine à vapeur. Les deux hommes resteront en correspondance épistolaire toute leur vie.

À dix-sept ans, Louis Rousseau s'engage dans la marine. Deux ans plus tard, à l'issue d'un combat contre les Anglais au large de Saint-Domingue, il est fait prisonnier « sur l'honneur » puisqu'il est officier. Mais, comme il ne veut pas renoncer à s'évader, il abandonne ce statut privilégié qui, en échange, lui interdit, sur l'honneur, de tenter de s'échapper. Devenu simple prisonnier de guerre sur les terribles pontons anglais, dans la rade de Chatham, à cinquante kilomètres à l'est de Londres, Rousseau va tenter à... vingt-deux reprises de regagner la France. En vain, même si deux tentatives furent bien près de réussir. Il ne sera donc libéré qu'au retour des Bourbons sur le trône : il a maintenant vingt-sept ans. De retour dans la Beauce, il s'occupe d'une brasserie dont il a hérité. En 1817, il épouse Emma Michau, qui a tout juste seize ans...

Mais la plate Beauce n'a pas pour lui les attraits de l'océan, des paysages maritimes : il réalise alors la plupart de ses biens pour acheter en Bretagne, dans le Léon, vers la baie de Goulven, en 1823, six cents journaux[1] de terre sablonneuse, en partie marécageuse.

1. On a appelé « journal », autrefois, une mesure agraire correspondant à la surface qu'un homme pouvait labourer avec un cheval en une journée ; mais ce terme a eu d'autres acceptions, correspondant à diverses surfaces !

Au fil des mois, Louis Rousseau va procéder à l'assèchement d'un étang – l'étang du Louc'h –, fixer les dunes par des fascines de genêts, construire une digue pour régulariser la Flèche, un cours d'eau capricieux… Tous ces travaux lui permettent de regagner des terres sur la mer, lesquelles s'ajoutent à d'autres terrains, acquis, eux, par achat. Si la propriété – que Louis a décidé d'appeler « Keremma » (la « maison d'Emma ») en hommage à sa femme – se développe, il en va de même de l'habitation principale : à la cabane du début a succédé une maison plus importante où les ardoises ont remplacé le chaume.

Avec son beau-père, son frère et des Brestois, Louis Rousseau fonde alors, pour gérer et exploiter au mieux une propriété devenue très importante, une société par actions : la Société rurale de Lannevez (littéralement « des nouvelles terres »). De fait, même s'il y a de temps à autre des soucis avec les tempêtes, la réussite récompense les efforts déployés pour la mise en exploitation. Emma se révèle alors une maîtresse femme, mettant la main à la pâte comme une agricultrice, une fermière de naissance.

La tentation du fouriérisme

Louis Rousseau, dans les années 1830, va s'intéresser (beaucoup trop aux yeux d'Emma) au saint-simonisme et au fouriérisme, des doctrines que beaucoup ont jugées généreuses mais utopiques, voire fâcheusement sectaires (au sens de sectes religieuses). Il publiera un ouvrage dont le titre reflète son état d'esprit alors : *Croisade du XIXe siècle, appel à la piété catholique à l'effet de reconstituer la science morale sur une base chrétienne, suivi de l'exposition critique des théories phalanstériennes.*

Des soucis avec l'Administration le contraignent à devoir se séparer des terres regagnées sur la mer, ce qui entraîne la dissolution de la Société rurale de Lannevez. Le couple continue néanmoins à développer Keremma (production de carottes géantes, introduction de l'igname de Chine...), et Louis Rousseau peut se permettre d'y créer une école chrétienne pour filles tenue par des religieuses, et d'y édifier peu à peu plusieurs grandes demeures pour y installer ses enfants, et toute la parentèle, afin que s'y assemble la « *tribu chrétienne dont il a rêvé* ». La descendance de Louis et Emma va fournir des cadres civils et militaires, des savants, des élus, des artistes... Certains cumulant plusieurs de ces états, tel Armand Rousseau (1835-1896) : polytechnicien, ingénieur maritime, député, sénateur, secrétaire d'État, gouverneur général de l'Indochine...

Un « Géo Trouvetout » avant l'heure

Esprit curieux de tout, Louis Rousseau est une sorte, aussi, de Géo Trouvetout[1]. Il réalise la lithochromie sur

1. Ou Géo Trouvetou : les deux graphies existent.

verre, invente un « œnophore tubulaire » pour champagniser les vins, aussi une pompe sans frottement... Ne voulant pas que les frais de ces recherches mettent en péril Keremma, son épouse lui impose par contrat (!) un budget maximum de mille francs de l'époque, qui sera ramené ensuite à trois cents francs.

Il décède en 1856, et Emma lui survivra quelque trente ans, maintenant avec ses enfants l'esprit de « tribu Rousseau ». La plupart des descendants ont fait leur cet objectif, s'installant tous à demeure, ou venant régulièrement, sur des terres qui, entre-temps, ont crû de nouveau par l'achat de surfaces. Même si, en 1998, les Rousseau ont généreusement fait don à l'État des dunes de Keremma (environ cent vingt hectares) situées sur les communes de Plounévez-Lochrist et de Tréflez, Keremma représente aujourd'hui, en bordure de la baie de Goulven, un ensemble de quelque cent maisons, parfois rurales, parfois de très grandes demeures bourgeoises, toutes propriétés du « clan des Rousseau », fort d'environ mille cinq cents personnes.

Acteur rendu très populaire ces dernières années par ses rôles dans des séries télévisées appréciées du public telles que *Les Cordier* ou *Dolmen*, Bruno Madinier appartient à la « tribu Rousseau ». S'il avoue avoir voulu prendre quelque distance, quand il avait entre vingt-cinq et trente-cinq ans, avec un « communautarisme familial » qui lui semblait un peu pesant, il a réintégré sa maison de Keremma, le clan, notamment « pour ses enfants » et « le plaisir des après-midi en famille et des apéros entre copains ».

QUIZ

La gentille mais naïve Bécassine au grand cœur, dont les enfants lisent toujours avec plaisir les aventures rééditées, est apparue, en 1905, dans :

a) Le Bon Point.
b) La Semaine de Suzette.
c) Fillette.
d) L'Épatant.
e) Cri-Cri.

Des folies... bergères ?

En 1816, un certain Maximilien Siffait, ex-receveur général des douanes, bonapartiste convaincu, appartenant à une riche famille d'industriels de la Somme (il est né vers 1780 à Abbeville), achète sur la commune du Cellier (aujourd'hui :

en Loire-Atlantique), près d'Ancenis, un vaste domaine sur des hauteurs dominant la Loire : la Gérardière, ainsi que des terres attenantes. Il s'y installe avec son épouse, née Marie-Louise Françoise Jourdan, et leurs deux enfants, Jeanne-Louise (née en 1811) et Oswald (né en 1813). Cet établissement dans la région est peut-être dû au fait que, en raison de ses convictions, la restauration des Bourbons a mis fin aux fonctions de Maximilien. Les deux époux se seraient alors repliés sur une vie familiale.

Quatre ans plus tard, il se lance dans la réalisation gigantesque d'une sorte de jardin en terrasses engazonnées qui, d'« étage » en « étage » descendent vers la Loire, sur une soixantaine de mètres de dénivelé. Cela, à base de pierres de schiste assemblées sans mortier.

Le propriétaire a-t-il une pensée précise, ou bien se laisse-t-il guider au jour le jour par ses inspirations ? Et quelle est la raison, s'il y en a une, de ces aménagements ? Il n'y a pas de réponses avérées à ces interrogations. On ne dispose pas de plans affirmant une démarche précise, ni d'écrits de l'architecte amateur permettant de trouver une raison particulière. Est-ce vraiment, et uniquement, pour offrir à sa fille adorée, quand elle aurait dix-huit ans, une grande fête dans un « palais » en plein air ?

Un extravagant dédale

Les travaux entrepris par le bâtisseur autodidacte semblent tellement bizarres – beaucoup de trompe-l'œil, des fausses fenêtres, des fausses portes, un faux pavillon, une niche en forme de grotte, etc. – que les commentateurs ayant vu les lieux ne sont pas d'accord sur le nombre des « terrasses » : vingt-trois, trente... ?! Toutefois, de vrais architectes, notamment ceux chargés du patrimoine, avec leur œil professionnel, y voient une démarche « artistique, décorative » plutôt logique : il se serait agi de ménager une promenade-panorama en descente douce, dans un sens, et, dans l'autre sens, une montée agréable et complexe dévoilant différents aspects de la vue sur la Loire. Le site le plus intéressant est sans doute le belvédère aménagé en bord de falaise.

Avec l'association-mélange d'escaliers majestueux, larges, et de sentiers à flanc de coteau, des espèces de kiosques, des murs qui atteignent six à sept mètres de haut, l'ensemble donne, vu globalement, l'impression d'un extravagant dédale, d'un labyrinthe où s'enchevêtrent le minéral et le végétal.

L'épouse de Siffait meurt en 1819. Tout en continuant son œuvre d'architecte autodidacte, il se lance alors dans la politique, et sera nommé maire du Cellier en 1822. En 1830, il met fin aux travaux : sa fille, après une baignade dans la

Loire, est morte, à dix-huit ans... Cette même année voit la fin de son mandat de maire. Quelque temps plus tard, il abandonne la Gérardière et s'installe à Ancenis. En 1836, il transfère la propriété à son fils Oswald.

Pagodes chinoises et mannequins de cire

En 1838, Oswald, féru de botanique et d'arboriculture, agrémente et enjolive le domaine en y plantant des essences variées : araucaria, cèdre, paulownia, catalpa... Son épouse, la fille du nouveau maire, le pousse à rendre plus gai un domaine uniforme et austère. Il est donc décidé de mettre des crépis de couleurs vives sur des murs, d'ajouter des pagodes chinoises et des kiosques orientaux, et même des mannequins de cire ! C'est peut-être surtout à partir de ce moment que le terme de « folies » a été adopté, ou repris, pour désigner cette propriété très insolite, très baroque. Ce qui ne s'opposerait pas à l'utilisation antérieure du terme, mais au sens, habituel au XIXe siècle, de « riche propriété d'agrément », de « résidence suburbaine »...

Que faire des « folies » ?

Oswald Siffait sera à son tour maire du Cellier, de 1841 à 1847. Il sera donc bien placé pour suivre l'arrivée du chemin de fer, dont la ligne, en bord de Loire, va entraîner des dégâts sur sa propriété, fragiliser ses terrains...

Maximilien Siffait étant décédé à Nantes en 1861, chez un ami et non dans sa famille, on pense qu'Oswald et sa femme ne se sont installés eux-mêmes qu'ensuite dans la cité des Ducs, abandonnant le domaine de la Gérardière tout en en gardant la propriété. Celle-ci a dû être dans les mains de la famille jusqu'en 1876 au moins, puisque l'un des quatre enfants de leur fille Anna y est né cette année-là.

Ensuite, la propriété est laissée à l'abandon, tout en restant un domaine privé… La végétation prolifère à sa guise, endommageant fortement les constructions. En 1944, des bombes alliées tombent sur les folies Siffait, lors d'une opération visant le pont d'Oudon. Le résultat est une fragilisation accrue des terrains, une menace d'éboulement sur la voie ferrée. La SNCF achète donc une partie du domaine et procède à de bénéfiques travaux de consolidation.

Le domaine, pendant ce temps, devient un terrain de jeu, un terrain d'aventure ou de promenade – à risque – pour bien des gens, alors que c'est toujours une propriété privée, mal, ou pas du tout, entretenue, manifestement. En 1986, la municipalité se rend propriétaire du domaine. Le maire est, alors, un descendant d'Anna Siffait… Les folies Siffait sont inscrites aux Monuments historiques en 1992 et de premiers travaux de restauration sont entamés. La tâche s'annonce ardue, car les murs, notamment, se sont détériorés au fil des décennies. D'ailleurs, en 1994, la mairie interdit l'accès au site, en raison des dangers.

Depuis, Le Cellier a revendu la propriété au département de Loire-Atlantique (en 2007). La restauration, longue et difficile, se poursuit, avec l'objectif de rouvrir progressivement au public l'accès à cet étonnant domaine. Pour l'instant, on ne peut y pénétrer, partiellement, que lors des Journées du patrimoine.

Doublement récompensé...

Quel auteur breton a eu l'honneur de recevoir à la fois le prix Goncourt et le Grand Prix du roman de l'Académie française ?

La sœur méconnue...

Le compositeur Édouard Lalo (Lille, 1823 – Paris, 1892) dut sa notoriété à deux œuvres en particulier : sa *Symphonie espagnole* et son opéra en trois actes *Le Roi d'Ys*, qui furent accueillis avec enthousiasme.

Le Roi d'Ys fait évidemment allusion à la cité engloutie du roi Gradlon, à sa fille Dahut (ou Dahud ou Ahès), dont l'inconduite va provoquer le malheur. Le livret expose donc la rivalité des deux filles du roi d'Ys : Margared – autrement dit Dahut –, l'aînée, et sa cadette Rozenn, toutes deux amoureuses de Mylio, leur ami d'enfance. La jalousie de Margared, alors que Mylio convole avec Rozenn, l'entraîne donc à ouvrir les écluses qui protégeaient Ys... Saint Corentin apaisera les flots, alors que Margared, repentante, s'est jetée à jamais dans les flots.

L'« air de bravoure » de cet opéra est incontestablement la célèbre « aubade » de Mylio – « *Vainement, ma bien-aimée...* » – mise à leur répertoire par les meilleurs ténors français, voire étrangers, ainsi l'exceptionnel chanteur italien Beniamino Gigli, que tous les mélomanes connaissent. Roberto Alagna a interprété lui aussi cette ariette.

L'étude en... rose

En 1912, le peintre nabi Maurice Denis est chargé de la décoration du plafond du nouveau Théâtre des Champs-Éysées. L'architecte Auguste Perret conçut, en se servant largement du béton, une vaste coupole surbaissée, éclairée en son centre par une épaisse verrière. Maurice Denis opta pour une frise en panneau : quatre panneaux et quatre médaillons en alternance, avec pour thème l'histoire de la musique.

L'artiste est un homme très cultivé, un amateur éclairé de musique classique. Il ne tergiverse pas très longtemps sur le choix des œuvres et des musiciens qu'il va honorer. Des œuvres mondialement connues comme *La Flûte enchantée*, *Orphée*, des compositeurs « incontournables », comme disent certains aujourd'hui : Wagner, Mozart, Chopin... Pour le panneau titré *L'Opéra* (ou : *Le Drame lyrique*), il retient des sylphides : les Ballets russes ont créé à Paris, en 1909, un ballet de Michel Fokine intitulé : *Les Sylphides*, dont la musique est une interprétation de pièces de Chopin réalisée par Glazounov, et interprétée par Rimski-Korsakov. L'opéra de Lalo étant encore en vogue, il y associe, non pas Dahut-Margared, mais Rozenn... orthographiée ici « Rosen » (*sic*). Maurice Denis exécute donc d'abord une étude : l'*Étude pour Rosen du « Roi d'Ys »* (vers 1912), fusain, rehauts de pastel rose et de craie blanche sur papier beige ; 38,5 cm x 48 cm. Cette œuvre se trouve au Musée d'art et d'histoire des Côtes-d'Armor, à Saint-Brieuc.

Maurice Denis effectua plusieurs séjours sur la magnifique Côte de Granit rose, achetant à Perros-Guirec, à une comédienne d'origine espagnole, Mlle Josset, qui l'avait fait construire, la villa *Silencio* (nom complet : *Silencio y Descanso*), une grande bâtisse sobre de style néo-médiéval. Bâtie au-dessus de la plage de Trestrignel, cette maison, qui, sauf erreur, appartient toujours à la famille du peintre, est, aujourd'hui, sise... rue Maurice-Denis.

Maison et atelier d'artistes

Le domaine du Squividan, à Clohars-Fouesnant (Finistère), fut à la fois une résidence et un atelier pour deux peintres de grand talent : Émile Simon et Madeleine Fié-Fieux. Aujourd'hui, le manoir est la propriété du conseil général du Finistère et est géré par le Musée départemental breton de Quimper. Madeleine Fié-Fieux avait légué, en 1995, le superbe domaine, la maison et le... millier d'œuvres au conseil général, ainsi qu'une fondation de dix millions de francs, moyennant l'ouverture au public et la mise en valeur du travail des deux artistes.

Née dans le Loiret en 1897, à Varennes-Changy, dans un milieu aisé (son père est un dentiste réputé de la rue de Passy, à Paris, et sa mère reprendra en gérance la pharmacie d'un oncle), Madeleine Fié-Fieux montre dès l'enfance des dons certains pour le dessin. À Paris, élève du lycée Molière, dans le 16e arrondissement, elle suit des cours de dessin à la mairie de Passy. Ses premières réalisations étant remarquées, elle est recommandée à l'académie Julian, rue de Berri. Elle y étudiera pendant une dizaine d'années, développant en particulier son goût du portrait.

Son mariage avec un ancien assistant de son père, Philippe Fieux, devenu un dentiste très coté de Nantes, l'amène à habiter la cité des Ducs. En 1930, elle décide de reprendre des cours et reçoit l'enseignement d'Émile Simon, professeur de dessin à l'École des beaux-arts de la Ville. Né en 1890 à Rennes, Émile Simon appartient à un milieu beaucoup plus modeste (père typographe, mère modiste). Très doué et passionné par le dessin, il a obtenu, après des études à l'École des beaux-arts de Rennes, une bourse qui lui permet d'accéder aux Beaux-Arts à Paris. Titulaire en 1912 du prix du concours de Rome, il se sacrifie au bénéfice d'un concurrent plus âgé qui, sinon, ne pourrait plus profiter du séjour à Rome. (Ensuite, c'est la guerre de 1914-1918 qui l'empêchera de partir à son tour...) Il dessine pour des joailliers parisiens, puis devient, en 1913, professeur au Caire.

Mobilisé, il manquera de succomber à la grippe espagnole en 1917, et sera rapatrié à Rennes. Une fois guéri, il s'installera à Nantes, où il a trouvé un poste de professeur à l'École des beaux-arts (il en deviendra le directeur). C'est donc là que vont se rencontrer, en 1930, deux artistes qui seront liés d'une amitié indéfectible.

Un trio amical soudé autour de l'art

Cette même année 1930, Émile Simon est victime d'un accident de moto sérieux, qui lui coûte son œil gauche, ou quasiment. Le peintre s'efforcera de dissimuler toute sa vie cette perte de vision. Le malheur frappera aussi tout près de lui : sa jeune épouse mourra au bout de deux ou trois ans de mariage, vers les années 1935.

Tout en enseignant, Simon peint sans relâche : des paysages, des marines et des personnages de toute la Bretagne. Et des portraits : celui qu'il fait de Madeleine en 1934 est très remarqué.

Le domaine de Squividan

Le couple Fié-Fieux et Simon devient inséparable... Alors que Madeleine avait aidé financièrement Émile à acheter une maison rue George-Sand, à Nantes, c'est chez lui que le couple s'installe quand, lors du premier bombardement allié qui frappa durement la ville sa maison du boulevard des Anglais est détruite. Après le second bombardement, tous trois quittent la ville et gagnent le Finistère. D'abord près de Quimper, puis, à la fin de la guerre, au magnifique domaine de Squividan, près de Bénodet, que les Fié-Fieux achètent. Quelque temps auparavant, le maire de Clohars-Fouesnant, désigné par l'occupant pour gérer ce domaine inoccupé (les propriétaires, des Britanniques, avaient abandonné le manoir pour se mettre à l'abri des Allemands), avait autorisé des réfugiés, une femme et sa cousine ainsi que leurs huit enfants, à habiter là. Cette femme n'était autre que l'épouse d'Honoré d'Estienne d'Orves, grande figure de la Résistance !

Pendant quelque trente ans, Émile Simon sera donc l'hôte des Fié-Fieux. Madeleine et lui ne cesseront de peindre : répétons-le, la donation de Madeleine Fié-Fieux portait sur environ un millier d'œuvres... À l'abri du besoin grâce à ses amis, Simon n'avait pas besoin de vendre ses toiles (de plus, Madeleine semble avoir voulu garder à Squividan toute la production de son « maître » et ami). Une production que certains n'ont pas hésité à qualifier de « pathologique ». Les deux artistes travailleront inlassablement dans leur atelier à l'étage du manoir, et parcourront la Bretagne à la recherche de scènes pittoresques, de sites intéressants, de personnages hauts en couleur... Excellent connaisseur de la peinture, Philippe Fieux critique leurs travaux, suggère des sujets, les accompagne dans les déplacements.

Le « maître », Émile, décède en 1976. Depuis six ans, à la suite d'une attaque d'hémiplégie, il peignait de la main gauche.

Mille tableaux sur les mille facettes de la Bretagne !

Quelque vingt ans plus tard, Madeleine fait donc au conseil général un legs qui, apparemment, a embarrassé par son importance, par les frais qu'il entraînait. Toutefois, à partir de 2009, les amateurs d'art, les passionnés de Bretagne, peuvent admirer à Clohars-Fouesnant des sélections de tableaux où les deux artistes ont représenté mille facettes de la région bretonne, du Finistère en particulier.

« Nous sommes d'un pays qu'on ne quitte jamais… »

Quel chanteur-compositeur breton parle ainsi, avec émotion et sensibilité, d'un lieu bien particulier de Bretagne, que nous vous demandons d'identifier aussi ?

Pavillon arboré…

Nous ne voulons pas parler, ici, d'une villa ou d'une maison, associée à un jardin, voire à un verger… Non, il faut entendre *pavillon* au sens de « drapeau » ! Le « Blanc et Noir » (en breton : le *Gwen ha Du*), le drapeau breton, s'inspire de celui de la ville de Rennes – aux bandes verticales noires et blanches, avec semis d'hermines – et évoque les évêchés et pays de Bretagne. En effet, cet emblème créé en 1923 par le militant nationaliste et autonomiste Morvan

Marchal (1900-1963) reprend le semis d'hermines dans le coin supérieur gauche et mentionne, sous la forme de neuf bandes horizontales, alternativement blanches et noires, les pays bretonnants (quatre bandes blanches : le Trégor, le Léon, la Cornouaille et le Vannetais) et les pays de langue gallo, c'est-à-dire la langue romane de Bretagne (cinq bandes noires : le pays rennais, le pays nantais, le pays dolois, le pays malouin et le Penthièvre).

Le *Kroaz-Du* a de loin précédé le *Gwen ha Du*, puisque certains n'hésitent pas à en faire le « plus ancien drapeau national du monde » ! L'enthousiasme et la fierté légitime d'appartenir au vieux peuple breton sont certes compréhensibles, mais il ne faut pas que cela se transforme en affirmations péremptoires alors qu'il ne s'agit que d'opinions… Ce qui est certain, c'est que les Bretons combattirent effectivement sous un drapeau blanc à croix noire, et peut-être dès les croisades, au XIIe siècle[1].

1. Voir « Pies et geais… », p. 24.

Des « tableaux de mission » qui ne sont pas des tableaux de missions...

Peintre, graveur, écrivain et enseignant, Xavier de Langlais (Sarzeau, 1906 – Rennes, 1975) a fait des études aux Beaux-Arts de Nantes, puis de Paris. Passionné par la Bretagne, il apprend seul la langue bretonne, et va se vouer à la recherche d'un style d'art nouveau propre à la région. Cela, au sein du fameux mouvement des Seiz Breur de Jeanne Malivel et René-Yves Creston.

Langlais va se spécialiser dans la peinture et la décoration d'églises, la recherche technique (le *lap* : mélange de céramique et de ciment), et le bois gravé (illustration d'un très grand nombre d'ouvrages sur la Bretagne). Ce grand artiste classique va effectivement trouver son style, et l'on reconnaît immédiatement les illustrations dont il est l'auteur. Il a écrit une *Technique de la peinture à l'huile*, un ouvrage réputé qui a été traduit en plusieurs langues.

En dehors de son activité principale de dessinateur, peintre et graveur, Xavier de Langlais va écrire, et là aussi son militantisme breton s'exprimera dans des textes divers : pièces de théâtre, poèmes, études de linguistique, critiques artistiques et littéraires (dans *La Bretagne*, de Yann Fouéré, journal à tendance pétainiste). Ses engagements, aux yeux de certains, pourront alors relever de ce que l'on appelle « la dérive identitaire du mouvement breton »...

De 1948 à 1973, Xavier de Langlais – qui s'était installé à Rennes en 1941 – sera professeur de dessin à l'École des beaux-arts du chef-lieu de l'Ille-et-Vilaine. Il mènera de front une carrière d'écrivain, composant en partie en breton, et illustrant lui-même ses ouvrages – quasiment tous consacrés au cycle arthurien.

Plusieurs œuvres de Xavier de Langlais ont été classés par les Monuments historiques : des *taolennoù*, à la Maison des missionnaires monfortains, au Rody en Guipavas (Finistère). On peut traduire *taolennoù* par « tableaux de mission » : des tableaux servant à l'évangélisation, à l'enseignement de la religion.

Devinette-calembour

Dans une commune des Côtes-d'Armor, on fustige traditionnellement le peu de rapidité des garçons d'écurie... De quelle petite ville, dont l'ethnonyme (ou gentilé) suscite des interrogations, s'agit-il ?

Myope, mais intégré dans les commandos !

Personnage étonnant que Gwenn-Aël Bolloré, né en 1925 à Ergué-Gabéric, dans le Finistère. Il est le fils de René Bolloré (1885-1935), directeur de la fameuse papeterie du même nom.

Son prénom d'origine est *Gwinal*, qui a été transformé en *Gwenaël*. Plus tard, il modifiera de lui-même (il « celtisera », comme il disait), la graphie en *Gwen-Aël*. Selon les spécialistes, cela se traduit par « ange blanc » ou par « vent blanc ».

À dix-huit ans à peine, il décide de rejoindre les Forces françaises libres, à Londres, pour s'y engager. Il vend son cheval, auquel il devait pourtant beaucoup tenir, pour réunir quelques subsides, et part sur une embarcation de fortune. À Londres, il retrouve son frère René, arrivé quelques mois plus tôt. Lors des tests d'aptitude, le robuste et déterminé jeune Breton dissimule sa myopie et cache son âge ; il avait déjà songé à partir plus tôt, à quinze ou seize ans, mais, il l'a raconté : « *J'avais quinze ou seize ans, avec des culottes de golf comme Tintin, et ça ne faisait pas sérieux, alors j'ai dû attendre d'avoir des pantalons longs.* »

Ayant démontré ses capacités physiques, jointes à son habitude de la mer, il est versé dans une unité dont la formation va être extrêmement dure (c'est quasiment un euphémisme !) : les commandos de fusiliers marins confiés à un homme d'une trempe évidemment exceptionnelle, le commandant (capitaine de corvette en 1944) Philippe Kieffer.

Le 6 juin 1944, Kieffer et ses cent soixante-seize commandos sont les premiers à débarquer, avant les Britanniques (c'était un accord), sur le sol français dans ce secteur, sur la plage « Sword », à Colleville. Avec la spécialité « infirmier », Bolloré est du nombre. Le premier succès sera la prise d'Ouistreham...

La guerre terminée, il s'intéressera au cinéma, en tant que réalisateur ; à l'océanographie (à plus de cinquante ans il passera un doctorat, et créera le musée océanographique d'Odet : avec humour mais sérieux, il disait que la pièce dont il était le plus fier était un petit crabe « *affreux* » qu'il avait découvert et qui, pour cette raison, s'appelait le *Dromia bollorei*) ; à l'édition (PDG des Éditions de la Table ronde, à l'engagement politique marqué). Il écrira des poèmes, des essais, des livres sur la Bretagne et sur la pêche... Puis il sera, de 1952 à 1974, vice-président des papeteries Bolloré.

Ce « menhir » est décédé à Ergué-Gabéric en 2001. Il était l'un des tout derniers survivants des « 177 ». Après-guerre, il reconnaissait : « *J'ai eu de la chance. Ça s'est bien passé lorsqu'on prenait des risques invraisemblables. À cet âge, on est inconscient.* » Mais il ne regrettait rien de tous ses engagements, inspirés par le patriotisme et par l'amour de la liberté.

Tati : un homme qui s'est trouvé… et retrouvé sur le sable.

Jacques Tati, après s'être fait connaître par *Jour de fête*, film tourné à Saint-Sévère-sur-Indre en 1947 et sorti en 1949 en France, connut le succès avec *Les Vacances de M. Hulot*, tourné en 1951 à Saint-Marc-sur-Mer, station balnéaire et quartier de Saint-Nazaire (Loire-Atlantique). Depuis, la plage où furent tournées la plupart des scènes d'extérieur est connue sous le nom de « plage de M. Hulot[1] ». Quant à l'hôtel de la Plage, où le personnage loufoque prenait ses quartiers d'été, sa notoriété a été dès lors assurée, et l'établissement, qui a été rénové il y a quelques années, est un des lieux les plus photographiés de la région.

À la fin des années 1990, une statue en bronze de Hulot grandeur nature (donc de la haute taille de Jacques Tati) a été placée au-dessus de la plage, sur une promenade. Le personnage, figé dans une de ses postures familières, se penche au-dessus d'une rambarde, les mains sur les hanches et la pipe au bec. L'œuvre est due au sculpteur vendéen Emmanuel Debarre (né aux Sables-d'Olonne en 1948).

Geste d'un collectionneur passionné ou d'un vandale se croyant intelligent, la pipe fut immédiatement cassée

1. Le personnage de M. Hulot a été inspiré à Tati par… le grand-père de Nicolas Hulot.

et volée ! Les versions rapportées ensuite par les uns et les autres divergent : mit-on sous clé, à la mairie, une nouvelle pipe sculptée… ou ce qui restait du tuyau cassé ? Est-ce une seconde ou une troisième pipe que l'on replaça, le jour de l'inauguration du Festival de Cannes 2004, dans la bouche du sieur Hulot ?

En tout cas, avec ou sans pipe, Hulot avait retrouvé, quelque cinquante ans après ses vacances, le sable de Saint-Marc. Ce qui est beaucoup moins drôle, c'est que Jacques Tati, lui, s'était retrouvé quasiment sur le sable, c'est-à-dire ruiné, à la suite des déboires financiers liés au tournage dispendieux de *Playtime*.

ANAGRAMME

Quelle commune du Morbihan a pour anagrammes des mots…

a) Désignant des faucons mâles.

b) Qui arrivent tour à tour.

c) Assaisonnèrent.

d) Relatives au sternum.

Celui qui se sert du canon périt parfois par le canon...

Un jour de 2008, François de Cornières, un ami de l'écrivain Claude Duneton, eut l'attention attirée, à l'occasion d'un vide-greniers, par une modeste brochure de vers, titrée *Les Coqs et les Vautours*. L'auteur, un certain Albert-Paul Granier, dont le nom était ignoré de l'acheteur, a consacré ces poèmes à la Grande Guerre : la guerre de 1914-1918. Ce recueil est sa seule œuvre connue : A.-P. Granier sera tué en août 1917, peu de temps après l'avoir publié à compte d'auteur, et en avoir envoyé un exemplaire à l'Académie française.

Claude Duneton, enthousiasmé par cette brochure-témoignage, convainc les Éditions des Équateurs de réimprimer le petit ouvrage. Naturellement, on fit des recherches sur l'auteur... : A.-P. Grenier est né au Croisic le 3 septembre 1888 et a fait des études de notaire. On apprend aussi qu'il est mélomane.

Si les canons reviennent souvent dans ses vers, c'est évidemment parce qu'il est mobilisé, mais aussi, et plus particulièrement, qu'il sert dans l'artillerie (sous-lieutenant au 116ᵉ régiment d'artillerie lourde)... juste après avoir effectué les trois années de service militaire !

C'est un canon qui mettra fin à sa jeune vie. Et le pire est que c'est peut-être, ou sans doute, l'artillerie française qui, au cours d'un exercice de réglage, certes difficile, va frapper celui qui, en 1916, avait demandé à être transféré dans l'aviation, pour des missions d'observation. Le journal de marche de l'escadrille F50 indique, à la date du 17 août 1917 :

> « *Au cours d'un réglage, l'avion monté par le pilote M. d. L. [maréchal des logis] de Hogendorp*[1], *pilote S/Lt Granier, reçoit un obus de plein fouet. L'appareil tombe en flammes. Le M. d. L. de Hogendorp a été retrouvé à côté des débris. Le S/Lt Granier a été pulvérisé, aucune trace de son corps n'a été retrouvée.* »

Le drame s'est déroulé à proximité de Verdun, au nord de Bois-Bourrus. Le dernier numéro du *Bulletin des écrivains* (n° 49, juillet 1919, p. 4) reproduit deux citations concernant A.-P. Granier. La seconde est ainsi rédigée :

> « *Excellent officier qui, après avoir eu dans l'artillerie une brillante carrière, s'est distingué dans l'aviation comme observateur de première valeur. A trouvé une mort glorieuse, le 17 août 1917, en exécutant un réglage difficile pour la préparation d'une attaque importante. (Ordre du corps d'armée.)* »

1. Maxime Léonce Olivier de Hogendorp (1986-1917) était arrivé à la F50 le… 24 juillet, après avoir obtenu son certificat de pilote en mai. Il est enterré dans la nécropole nationale de Vadelaincourt (55).

Le Cheval

C'était un grand cheval de guerre,
C'était un beau cheval au poil doré.
Jadis, la tête haute, et sa crinière
au vent, souple comme une bannière,
cambré, il inspectait les horizons,
pointant ses oreilles fauves,
et, lorsqu'au fracas des fanfares
et des canons,
il chargeait dans le tumulte,
détendant ses jarrets en catapulte,
ses naseaux contractés humaient la victoire,
et son hennissement, comme un coup de trompette,
farouche, disait sa joie vers les conquêtes.
Mais les jours aux jours se succédèrent,
la fatigue mordit sa chair,
déchira ses muscles superbes,
et, un jour,
son cavalier las
enleva la bride et la selle,
et, l'ayant caressé une dernière fois,
l'abandonna sur la route,
et s'en fut, sans se retourner...
Le grand cheval, la tête lasse,
l'œil terne, les oreilles molles,
est là, tout seul, au bord du chemin,

au milieu des avoines folles,
sans même la force de songer,
aux combats rouges de naguère,
est là, tout seul, inerte et mou,
comme un mort qui serait debout.
C'était un grand cheval de guerre…
(Le Cheval, *1914)*

Le Ravin

Au fond du grand ravin, hérissé de cailloux,
où la vapeur du lourd poison traîne et s'accroche,
le canon formidable, avec un bruit de cloche,
a roulé pesamment, comme un mort dans un trou.
Brisant leurs traits les six chevaux, comme des fous,
se sont enfuis parmi les éboulis de roches,
où l'écho des éclatements tonne, ricoche,
et déferle dans un vacarme de remous…
Et le grand canon noir, dans l'ombre du ravin,
gît, tout seul, renversé, béant, crispant en vain
ses larges roues, aux rais puissants, vers les tonnerres,
impassible sous la mitraille qui le mord,
immobile et muet, comme un grand aigle mort,
vers l'ennemi vainqueur dardant encore ses serres.
(Le Ravin, *ravin de Beaumont, bois des Fosses, 22 février 1916)*

« Supermédaillé » : c'est un Breton !

Philippe Cattiau (Saint-Malo, 1892-*id.*, 1962) fait partie des sportifs français déclarés « Gloire du sport », car cet escrimeur a accumulé les titres, au point d'être le plus médaillé des Français aux Jeux olympiques, avec un total de huit médailles.

En individuel :

- médaille d'argent au fleuret, Jeux olympiques de 1920 ;
- médaille d'argent au fleuret, Jeux olympiques de 1924.

Par équipe :

- médaille d'or au fleuret, Jeux olympiques de 1924 ;
- médaille d'or à l'épée, Jeux olympiques de 1932 ;
- médaille d'or au fleuret, Jeux olympiques de 1932 ;
- médaille d'argent au fleuret, Jeux olympiques de 1920 ;
- médaille d'argent au fleuret, Jeux olympiques de 1928 ;
- médaille de bronze au fleuret, Jeux olympiques de 1936.

En championnats du monde, le palmarès de ce Breton pratiquant l'épée et le fleuret est non moins éblouissant : en individuel, deux médailles d'or et deux d'argent de 1927 à 1930, et cinq médailles (deux d'or, deux d'argent et une de bronze), par équipe, de 1934 à 1937.

Tel père, tel fils, chez les Cattiau, mais Philippe Cattiau a surpassé son père, sergent maître d'escrime au 47e régiment d'infanterie et qui accéda à une notoriété locale.

À quinze ans, le fils était déjà champion de Bretagne, et conserva ce titre les deux années suivantes, en 1908 et 1909. En 1910, Philippe Cattiau s'engage au 1er régiment du génie, à Versailles, pour devenir lui aussi maître d'armes. La Grande Guerre va, évidemment, l'empêcher de s'entraîner et de progresser encore. De plus, il revient du front avec quelques séquelles aux jambes qui seront un handicap quand des compétitions dureront trop longtemps. Toutefois, cela ne l'empêchera pas de reprendre l'épée et le fleuret, et dès 1920, on l'a vu plus haut, il obtient aux Jeux olympiques d'Anvers la médaille d'argent au fleuret.

Dans les années qui suivent, Philippe Cattiau additionne les titres de champion de France et de champion d'Europe et, à la fin des années 1930, il devient entraîneur et capitaine de l'équipe de France d'escrime pour les trois armes (épée, fleuret et sabre).

Un centre sportif de Villeneuve-la-Garenne (Hauts-de-Seine) porte le nom de Philippe Cattiau : après la Seconde Guerre mondiale, l'escrimeur fut un élu local.

Seul un autre escrimeur, Roger Ducret, partage avec Cattiau le record de médailles obtenues aux Jeux olympiques : huit, en individuel ou par équipe. (Ducret détient un autre record : cinq médailles, et aux trois armes, lors d'une même compétition, aux JO de 1924.)

Villes de Bretagne

On dit que les Français n'aiment pas la géographie et qu'ils connaissent mal même leur propre pays… Nous ne ferons pas l'injure à nos lecteurs bretons de croire qu'ils pourraient méconnaître la Bretagne, mais qu'en est-il des lecteurs non bretons ? Ces derniers peuvent-ils donner spontanément, sur-le-champ, le nom des chefs-lieux des départements ?

a) Du Finistère : ………………
b) Du Morbihan : ………………
c) De Loire-Atlantique : ………………
d) D'Ille-et-Vilaine : ………………
e) Des Côtes-d'Armor : ………………

Sur le quai

Michel Drucker, seulement depuis quelques années, a confié tous azimuts, à de nombreux médias, à de nombreux journalistes – notamment à la Bretonne Irène Frain, qui l'a relaté dans un article du 31 octobre 2007 – l'étonnante histoire qui a marqué sa famille durant l'été 1942...

« C'est ma femme ! »

Les parents de Michel sont juifs. Son père, le docteur Abraham Drucker, travaille dans un sanatorium normand, près de Vire, dans le Calvados. En 1942, donc, la gestapo arrête le médecin. Son épouse, enceinte de Michel, et ayant un enfant d'un an, Jean (le futur directeur de chaîne de télévision et père de Marie Drucker), appelle à l'aide M. et Mme Faget, un couple d'amis très proches.

Le docteur Faget, alors médecin-chef du sanatorium de Plémet, en Bretagne, avait été, quelques années auparavant, le responsable du sanatorium où travaillait Abraham Drucker. M. et Mme Faget offrent immédiatement à Mme Drucker de l'héberger chez eux, avec le petit Jean.

Il n'était pas possible de venir en voiture. Le train, lui, permettait de rejoindre Rennes... mais pas le petit bourg de Plémet, dans les Côtes-du-Nord (aujourd'hui : Côtes-d'Armor).Les Faget font donc appel à un de leurs amis, Pierre Le Lay, qui lui-même presse son frère Jean, qui habite Rennes, d'aller récupérer Mme Drucker sur le quai de la gare...

Mme Drucker a donc pris le train, sans porter l'étoile jaune, sans laissez-passer, sans papiers, mais avec le gamin Jean. Le voyage s'effectue sans encombre. Mais à peine a-t-elle mis pied à terre qu'un soldat allemand lui réclame son *ausweis*, « ses papiers ». L'ami inconnu se précipite, alors, ayant deviné qu'il s'agissait bien de celle qu'il attendait, et se récrie en un allemand impeccable : « *C'est ma femme !* ».

Le risque ainsi pris est énorme, et la partie n'est pas gagnée, car, consciencieux et/ou soupçonneux, le militaire conduit tout le monde à un jeune officier. Jean Le Lay, qui ne sait rien de Mme Drucker ni de son enfant, devance toute question embarrassante en répondant tout d'abord, dans la langue de Goethe, à une première question pas trop gênante. Étonné d'être face à un Français qui soutient poliment la « conversation » en usant d'un allemand d'excellent niveau, le gradé se relâche, et, comme il s'agit manifestement d'une personne cultivée, les propos échangés sont alors consacrés à... la littérature allemande. Tout se termine bien, comme l'explique Michel Drucker à Irène Frain : « *Le temps passe... Il* [l'officier] *oublie ma mère. Quand il revient au réel, il a gobé le mensonge de Jean Le Lay. Il engueule ses soldats, leur ordonne d'entourer ma mère, commande qu'on lui serve du lait. Et libère sur-le-champ le couple et l'enfant.* »

Les « Druquère »

Pour des raisons que Michel Drucker ignore, car sa mère a toujours refusé d'expliquer la raison de cet aller-retour, il est né non à Plémet, mais à Vire, au sanatorium. Les Faget – Mme Paulette Faget était sa marraine – n'ont pas été plus bavards sur ce point... Mais dès l'accouchement effectué,

Mme Drucker et son poupon Michel s'installent, avec l'aîné, le petit Jean, au château-sanatorium[1] de Plémet, protégés par les époux Faget. Le trio est enregistré sous le pseudonyme de « Druquère », et vit dans une chambre de bonne.

1987 : Michel Drucker, l'homme attaché au service public, est contacté par TF1, qui « *tente de* [le] *débaucher* », dit-il à son intervieweuse. « *Quand je sonne, un homme un peu plus âgé que moi m'ouvre la porte. Je le salue poliment. Mais, au lieu de me répondre sur le même ton, il se met à me houspiller : "Tu ne me tutoies plus ? Mais je suis Patrick ! Le neveu de Pierre Le Lay, le fils de Jean Le Lay ! Tu ne te souviens pas de Plémet ? Et comment va ta mère ?"* » Michel Drucker, abasourdi, se rend compte alors qu'à aucun moment il n'a fait le rapprochement entre le bras droit de Francis Bouygues et le fils de Jean Le Lay, celui qui a sauvé sa mère !

Une pin-up dans un chemin de croix

Tréhorenteuc, avec ses cinq kilomètres carrés, est la plus petite commune du Morbihan (canton de Mauron).

1. Dont le nom précis est *Bodiffé*, soit « le bois des fées ».

Sa petite église, bien restaurée, bien proprette, mais d'aspect modeste, ne semble pas, a priori, se distinguer parmi les très nombreuses et superbes chapelles et églises de Bretagne.

Toutefois, le regard est attiré par la présence d'une statue devant l'église : celle d'un prêtre, l'abbé Gillard. Et puis, au-dessus de la porte, une inscription « interpelle » : *« La porte est en dedans. »*

Enfin, une fois la porte franchie, c'est la stupéfaction et l'admiration ! Ce lieu est absolument unique et justifie son surnom d'« église (ou chapelle) du Graal ». Voici son étonnante histoire.

En 1942, l'abbé Henri Gillard est nommé recteur (curé) de Tréhorenteuc, par une promotion-sanction que ses supérieurs lui infligent pour le punir de ses idées quelque peu trop originales. Dès son arrivée, il va se consacrer avec passion et énergie à restaurer l'église et à réactiver la vie paroissiale en cette commune sise en forêt de Paimpont, c'est-à-dire la mythique forêt de Brocéliande...

Pour l'ecclésiastique, il n'y a pas opposition entre la légende arthurienne, la quête du Graal, les Celtes et le catholicisme. Il va s'efforcer de le démontrer par des tableaux, des vitraux, des mosaïques réalisés par des artistes. En 1945, il va aller chercher, dans un camp de prisonniers de guerre allemands, un ébéniste, Peter Wissdorf, et un peintre, Karl Rezabeck. Sous les directives du recteur, les deux hommes vont rénover l'intérieur et la décoration de l'église, qui devient un musée de « la légende christianisée », pourrait-on dire.

Les activités hétérodoxes du recteur et secrétaire de mairie, et auteur de guides sur Brocéliande, sur le zodiaque, sur les nombres, etc., vont lui attirer par la suite de graves soucis. Sa hiérarchie lui interdira quasiment d'accéder à « son » église, d'exercer toute fonction... Avec les années, la sérénité reviendra et, en 1979, Henri Gillard sera enterré dans une des chapelles de l'église. En 1998, on érigera la statue de celui qui aura englouti tous ses revenus dans la réalisation d'un lieu où la réflexion spirituelle s'appuie sur l'art et la beauté.

La « chapelle du Graal » n'aurait peut-être pas accédé rapidement à la notoriété si un détail n'avait pas fait, par avance, ce qu'aujourd'hui on appelle « le buzz ». Disons qu'à l'époque cela « fit du bruit » ! Le peintre avait représenté la fée Morgane – le plus souvent décrite comme une séductrice maléfique – dans un des tableaux de la légende, vêtue d'une robe rouge qui laisse deviner ses formes. Mais cette même Morgane, toujours vêtue de rouge, est également représentée dans le chemin de Croix, à la neuvième station, où le Christ tombe pour la troisième fois. Et là, la robe transparente ne cache quasiment rien de la plastique de la luxurieuse enchanteresse. On imagine le tollé... – un journal régional titra : « *À Tréhorenteuc, une pin-up dans un chemin de Croix* ». Le curé refusa mordicus que l'on retire ou que l'on corrige l'œuvre d'art, et Morgane peut toujours être contemplée dans toute sa splendeur... ce qui ne doit pas occulter la visite complète de l'église et de ses trésors artistiques et symboliques.

Pascal au Val-André ?...

Non, le philosophe, savant et écrivain auteur des *Provinciales* n'est jamais venu du côté de Saint-Brieuc, ni à Pléneuf, ni à Dahouët, ni au Val-André ! En revanche, une certaine Anne-Charlotte Pascal, en hommage à la belle station balnéaire où elle passa sa petite enfance et où elle est revenue souvent, a adopté comme nom d'artiste Charlotte *Valandray*...

Il frappait comme un sourd… peut-être !

L'abbé Fouré est supposé (il faut être prudent, maintenant, car ce qui était récemment encore censé être vrai et avalisé par tout le monde est contesté) avoir été complètement sourd. C'est pour cette raison principalement qu'il se serait mis à l'écart, vivant en solitaire ou quasiment, et aurait consacré près de quinze années à sculpter dans des rochers, en Bretagne, une famille de corsaires…

Aujourd'hui, certains contestent qu'il ait été si sourd que cela, et soutiennent qu'il a représenté, en tout cas majoritairement, non pas une prétendue famille de fameux marins, mais des personnalités de l'histoire de France, voire des contemporains.

Quoi qu'il en soit, il faut aller voir cette œuvre extraordinaire, cette fresque monumentale, hélas menacée, en dépit de la dureté du roc, par l'érosion maritime.

Où se trouve cet ensemble sculpté ?

Un Breton très écouté !

Le Breton Jean Lec (Rennes, 1899 – Paris, 1964) fut un des hommes les plus écoutés de France dans les années d'après-guerre : à partir d'octobre 1946, tous les dimanches à midi, tout le monde met le Programme parisien de la RDF (Radio diffusion française) pour entendre les chansonniers du « Grenier de Montmartre ». Dans ces années-là, jusqu'en 1974, mais avec une notoriété exceptionnelle de 1946 aux années 1960-1965, personne n'ignore l'indicatif interprété d'une voix sonore par celui qui deviendra le célèbre inspecteur, puis commissaire, Bourrel : Raymond Souplex. Oui, personne n'ignore : *« Pour informer le monde, avec la voie des ondes, il y a, il y a, il y a les chansonniers ! »*, ni le refrain adapté d'une chanson populaire et/ou du folklore : *« À boire, à boire, à boire ! / Nous quitterons-nous sans boire ? / Les chansonniers sont pas si fous / Que d'se quitter sans boire un coup ! »*

Le libertaire Jean Lec a pratiqué, comme dans l'armée napoléonienne, l'amalgame, en réunissant de « jeunes pousses » – Anne-Marie Carrière, André Rochel, Robert Dinel, Edmond Meunier... – et des vedettes déjà confirmées : René Dorin (le père de Françoise Dorin, une fidèle de La Baule), Jacques Grello, Robert Roca, Raymond Souplex, déjà nommé... Au fil des années, tous les chansonniers, régulièrement ou non, passeront par « le Grenier », enregistré au Club des Cinq, au Central de la Chanson, au Caveau de la République, voire, en tournée, dans d'autres théâtres…

En 1954, Vincent Auriol, président de la République, invita au château de Rambouillet les chansonniers vedettes, dont « la bande à Jean Lec ». On n'a pas connaissance, depuis, d'une autre invitation d'un chef de l'État français à ceux qui ne sont pas des « fous du roi », mais des « fous du peuple » exerçant leur verve spirituelle et satirique.

Le « Grenier de Montmartre »

Qui est donc Jean Fernand Henri François Gustave Lecoublet, dit « Jean Lec » ?… Orphelin de père, fils unique d'une institutrice, il s'est engagé volontairement dès le début de la Grande Guerre. Ce tout jeune homme (il est né en 1899) va être définitivement marqué par les millions de morts, et appartiendra dès lors à la mouvance anarcho-libertaire. Après 1918, il s'oriente vers la peinture et étudie à l'École des beaux-arts de Rennes. Il « monte » à Paris et s'y installe afin de travailler comme peintre, graphiste, dessinateur de mode. C'est aussi pour rejoindre Raya (Raïssa Epstein), une jeune fille rencontrée en Bretagne vers 1920. Seule la mort les séparera…

Doué pour le dessin et doté d'un esprit vif, Jean – devenu « Jean Lec » – passe à la caricature et au tour de chant, en créant dans les années 1935 un spectacle mêlant dessins humoristiques en direct et textes satiriques, en particulier aux Deux-Ânes et au Caveau de la République.

À la Libération, c'est donc à cet homme déjà rompu au métier de chansonnier que l'on propose de créer une émission radiophonique hebdomadaire... et ce sera la grande aventure du fameux « Grenier de Montmartre ». Ce qui n'empêchera pas Jean Lec de continuer la peinture, mais en évoluant du cubisme de sa jeunesse vers le néo-figuratif aux formes et aux tons plus classiques. Raya dira que « Fernand Lecoublet » était d'ailleurs l'anagramme de « l'art fécond en bleu ».

En 1958, il est victime d'un AVC (accident vasculaire cérébral), et va rester paralysé, hospitalisé à Garches jusqu'à sa mort, en 1964. Son épouse produira « le Grenier » jusqu'en 1974, avec la même fidèle équipe...

Le « quart de la France »...

Depuis 1960, un monument en l'honneur des Français libres a été érigé sur l'île de Sein. Gravée dans le granit, une devise en breton : « *Kentoc'h mervel* » (« Plutôt mourir »), au-dessus d'une citation : « *Le soldat qui ne se reconnaît pas vaincu a toujours raison* ».

Entre le 22 et le 26 juin 1940, après avoir écouté un message enregistré à Londres par un général peu connu, tous les hommes adultes et valides de l'île, encouragés par le recteur, l'abbé Guillem, préparent leurs bateaux de pêche et s'embarquent afin de gagner la Grande-Bretagne, pour s'enrôler dans les Forces françaises libres.

Quand le dénommé Charles de Gaulle, quelque temps après, passe en revue les centaines d'hommes qui constituent les tout premiers éléments d'une armée française déterminée à poursuivre les combats, il est extrêmement surpris, stupéfié, par le nombre des Sénans : « *Mais l'île de Sein est donc le quart de la France !?* » En quelques jours, les cent trente marins bretons du « Caillou » arrivés à Londres représentaient en effet le quart des effectifs de la France libre.

Par décret du 1er janvier 1946, l'île de Sein est nommée compagnon de la Libération par le général de Gaulle : « *Devant l'invasion ennemie, s'est refusée à abandonner le champ de bataille qui était le sien : la mer. A envoyé tous ses enfants au combat sous le pavillon de la France libre, devenant ainsi l'exemple et le symbole de la Bretagne tout entière.* »

Sein est la commune de France la plus décorée au titre de la Seconde Guerre mondiale, puisqu'elle est également titulaire de la croix de guerre 1939-1945 et de la médaille de la Résistance.

« Tonnerre ! »

Le capitaine Haddock, en vrai marin, emploie une expression... ad hoc en s'exclamant souvent « Tonnerre de Brest ! », formule évidemment liée au grand port : quand quelqu'un s'était évadé du bagne de la ville, on tirait un coup de canon sonore qui alertait toute la population de Recouvrance, de « Brest même » et des environs !

✣✣✣

Elle a fait dans la dentelle !

La fameuse et délicieuse crêpe dentelle a été mise au point par une Bretonne, bien sûr ! Mais quel est le nom de cette bienfaitrice de l'humanité ?

a) Anaïg Kernog.
b) Soizic Duchâtel.
c) Katell Cornic.
d) Mariannig Morin.

✣✣✣

Un nombre miro… bolant de boulangers !

Faut-il écrire, rigoureusement, *pain mirau*, *pain mirod*, *pain mirault* ? Personne ne le sait, si bien que, quoique évoquant un boulanger du nom de Mirault qui aurait créé ce type de pain à Carestiemble, dans les Côtes-d'Armor, on écrit généralement *mirau*.

Le village (ou hameau) de Carestiemble se situe sur le territoire de la commune de Saint-Brandan, dans la région du Goëlo.

Le pain mirau est considéré comme un « pain de luxe ». Même si sa recette est jalousement gardée par les deux artisans auxquels le dernier boulanger de Carestiemble a transmis, en 1980, le secret de fabrication, on croit pouvoir affirmer que sa fraîcheur est due à un faible pourcentage de farine de seigle. De la poudre de lait serait ajoutée à l'eau servant à sa préparation, et la fermentation de la pâte se ferait à la levure de bière. On doit sans doute y ajouter un tour de main particulier…

Un recensement de 1789 relevait, pour ce petit village, le nombre impressionnant de vingt-neuf boulangers pour une population des plus modestes (cent, deux cents personnes ?). Mais au début du XIXe siècle, soit peu de temps après, on ne recensait plus que douze professionnels du pain à Carestiemble.

Un siècle plus tard, au début du XXe siècle donc, on ne comptait plus que cinq boulangers. Le dernier professionnel partit à la retraite, nous l'avons dit, en 1980, en acceptant de transmettre la recette à deux confrères d'outre-village...

La prospérité stupéfiante d'un petit village comme Carestiemble aux XVIIIe et XIXe siècles a certainement été due aux foires aux bestiaux se déroulant là, dans une petite zone prospère qui échappait aux taxes. D'où le nombre exceptionnel de boulangeries à cette époque.

Aujourd'hui, le pain mirau ne revit que pour la Fête du pain chaud, organisée les deux week-ends enserrant le mardi gras. Soit en grosse boule, soit en bande de huit petites boules (achetables à l'unité), il est consommé largement tartiné de beurre salé, et accompagnant le traditionnel jarret grillé.

Il ne faudrait pas leur jeter la pierre (... ils la renverraient !)

Classé, à juste titre, parmi les « petites cités de caractère », Guerlesquin appartient à l'arrondissement de

Morlaix (Finistère). Mais les Guerlesquinais et Guerlesquinaises, à quelques kilomètres près, auraient pu être des Costarmoricains ! Le bourg n'est-il pas limitrophe de Plounérin, de Loguivy-Plougras et de Plougras, qui sont communes des Côtes-d'Armor !?

Guerlesquin donc, après avoir été autrefois Guirlisquin, Guirlisten et Guerlisquin, n'accueille pas des compétitions loufoques comme « le porter d'épouse » (ça, c'est en Finlande, à Sonkajärvi) ou « la course au fromage » (sur la colline Cooper's Hill, à Gloucester, en Grande-Bretagne)... Non, par Toutatis ! Une seule... idée fixe, ici : lancer, le plus loin possible, des menhirs !

15 kilos pour les « Falbala » !

Chaque premier jeudi du mois d'août, Guerlesquin, où se déroule déjà une compétition singulière : le championnat du monde de *bouloù pok* (voir p. 31), organise le seul et vrai « championnat du monde de lancer de menhir », un concours qui s'inscrit dans le cadre de la Fête au village des irréductibles. Quatre catégories de concurrents :

– « Idéfix », pour les enfants (un menhir de dix kilos !) ;

– « Falbala », pour les dames (un menhir de quinze kilos) ;

– « Astérix », pour les ados de moins de vingt ans (un menhir de vingt kilos) ;

– « Obélix » pour les hommes de plus de vingt ans (un menhir de vingt-cinq kilos).

Certes, des potions magiques et des boissons traditionnelles (cidre, cervoise, hydromel-chouchen), ainsi que les mets revigorants du *fricos bras*, « le grand banquet » (*pernoc'h gouez* : sangliers grillés à la broche) maintiendront en forme dès le matin les compétiteurs, qui entreront en scène vers les 15 heures, mais, mazette, lancer de tels cailloux n'est pas de la petite cervoise ! Et les performances des champions laissent pantois ceux et celles qui se souviennent de leurs médiocres lancers de poids quand ils étaient scolaires ou étudiants !...

Les concurrents devront affronter avec la même énergie la suite de cette journée bien remplie dans cet avatar du village gaulois cher au regretté René Goscinny et à Albert Uderzo : galettes, crêpes, saucisses, cidre, bière, chouchen sont proposés dès 16 heures, avant l'initiation aux danses bretonnes (gavotte, an dro, fissel...). Chants et danses en soirée, l'incontournable fest-noz : *kan ha diskan*, bombarde et biniou, chansons traditionnelles...

Voulez-vous qu'on vous le dise : participer à cette « fête du village » est un travail de... Romain, mais c'est formidable !

Et un, et deux, et trois... !

Pleucadec, commune du Morbihan (canton de Questembert), doit son nom au saint breton Cadoc : *pleb cadoc*, « la paroisse de Cadoc ». Sa population s'élève à environ huit mille habitants : les Pleucadeuciens et Pleucadeuciennes, qui s'inscrivent donc dans la communauté des communes du val d'Oust et de Lavaux.

Depuis une cinquantaine d'années, le bourg est connu pour les fêtes organisées le 15 août. Ce fut d'abord une simple kermesse, puis une imposante fête nautique organisée sur l'étang de Gournava, ensuite une « noce bretonne »... Puis, à partir de 1981, une fête aérienne particulièrement médiatique en raison de la personnalité des deux promoteurs : le maire, Joseph (« Jo ») Briend – premier magistrat de la commune de 1971 à 2008 –, et le recteur de la paroisse, l'abbé Louis Jarno. Les deux hommes étaient attirés par le parachutisme, le maire ayant même déjà commencé à pratiquer.

Durant treize ans, les deux hommes – évidemment surnommés « Peppone » et « don Camillo », par référence aux deux héros créés par le journaliste et romancier italien Giovanni Guareschi, et rendus célèbres, au cinéma, par Fernandel et Gino Cervi – vont faire le spectacle en sautant en parachute le 15 août.

En 1994, une réglementation draconienne portant sur les utilisations des pistes met fin brutalement à cet événement très populaire. Les élus, les organisateurs accusent le coup, mais immédiatement le « remue-méninges » est activé ! Alain Launay, maire adjoint (devenu maire en 2008), avance une idée qui lui trotte dans la tête depuis quelque temps : père de jumelles, Cécile et Aurélie, il suggère l'organisation d'une « fête des jumeaux ». Ami de la famille, le recteur Jarno a lui-même un jumeau[1] prénommé Jean !

Dès la première année, 1994, c'est un franc succès, et Pleucadec conserve donc le 15 août une manifestation d'importance. Mais l'ampleur que va prendre ce nouvel avatar de la fête va dépasser le cadre local, régional, pour atteindre le niveau national, et même international. Il faut maintenant la participation de plus de quatre cents bénévoles pour assurer la préparation, l'accueil, l'hébergement des centaines et des centaines de jumeaux, triplés, quadruplés venus de France et d'ailleurs (le comité d'organisation s'est mué en une association : l'Association des deux et plus de Pleucadec [ADPP]). Aux monozygotes et dizygotes s'ajoutent dans les maisons et dans les rues de Pleucadec leurs parents et amis, et tous les curieux attirés par ce rassemblement de personnes ayant en commun de n'être « pas nées seules ».

1. Le nombre des jumeaux est particulièrement – curieusement – élevé à Pleucadec !

Un incident particulier survenu dans sa famille a conforté Alain Launay dans sa volonté de mettre en relief les jumeaux et jumelles : Cécile et Aurélie, arrivées ex aequo dans une compétition sportive, se virent offrir, à leur grande déception, une médaille… pour deux ! D'où véhémentes protestations afin d'obtenir satisfaction.

Les corneilles sont-elles des gastronomes ?

Yffiniac, commune des Côtes-d'Armor aux alentours de Saint-Brieuc connue pour être la patrie du champion cycliste Bernard Hinault, a pour spécialité gastronomique les* chocards *(ou* chocarts, *ou* choquarts*), dont le nom viendrait peut-être de* choucas, *nom régional désignant des corneilles, ou des cousins de la corneille. Ces oiseaux sont en effet, en fin d'année, familiers des toits et des clochers locaux.

Mais, alors, que sont donc les* chocards *?

a) Des chaussons aux pommes.

b) Des gâteaux au chocolat et aux marrons.

d) De petits pâtés de lièvre au cidre.

d) Des sucres d'orge mêlant poire et pomme.

Un ethnonyme, c'est-à-dire un gentilé, tout simple (heu...) !

Plougastel-Daoulas, en breton *Plougastell-Daoulaz* (Finistère), ville de la rade de Brest, est bien connue pour la culture de ses fraises (délicieuses !).

Les esprits curieux, et soucieux d'accroître leurs connaissances, peuvent sans doute s'interroger sur l'ethnonyme correspondant à ce nom propre composé : quel peut bien être le nom des natifs et/ou habitants de la commune ? « Daouloplougastelois » ?, « Plougastodaouliens » ?...

Eh bien, sollicitée par nos soins, la mairie a fourni la réponse suivante : au masculin, « un Plougastel, des Plougastels » ; au féminin, le terme serait invariable, soit « une Plougastellenn, des Plougastellenn », mot breton qui, dès lors, conserverait les deux *l*...

Un auteur de bulles breton... pétillant !

« Permet règne banal... » : telle est l'anagramme d'un titre d'œuvre lié à la Bretagne. Il ne s'agit pas d'un roman ni d'un essai économique. L'auteur est un Finistérien qui approche des quatorze lustres et qui travaille notamment dans un journal satirique français paraissant le mercredi... Quel est cet auteur, et quel est le titre de cet ouvrage paru en 2013 ?

Eh bien, il s'agit d'une BD de René Pétillon, qui marque le retour de son calamiteux détective en imperméable défraîchi style Columbo ou Bogart : Jack Palmer. Cet album, paru chez Dargaud, s'intitule : *Palmer en Bretagne*.

Cet enquêteur benêt, gentil, qui ne comprend pas grand-chose aux affaires auxquelles il se trouve mêlé, n'a rien à voir avec le Johnny Palmer de la grande chanteuse réaliste Damia :

Le commandant du Cachalot
Vient d'engager à Saint-Malo
Vingt gars, pas davantage,
Mais ils sont tous fins matelots.
On ne connaît qu'un seul salaud
Parmi cet équipage...

Refrain (très long !)

Qui triche au jeu sitôt qu'il perd,
Qui est brutal, jaloux, amer,
C'est Johnny Palmer.
Qui parle à tort et à travers,

Plus malfaisant que cent commères,
C'est Johnny Palmer.
Ne cherchez pas qui a crevé la toile du hamac
Ni le cochon qui a craché partout sur le tillac,
C'est celui qui, pour boire un verre,
Tuerait son père, vendrait sa mère :
C'est Johnny Palmer.

Ce grand succès de celle qui fut surnommée « la tragédienne de la chanson » est dû au chansonnier Christian Vebel pour les paroles, et au compositeur Claude Pingault pour la musique. Le comportement de Johnny Palmer est dû, en fait, à la souffrance d'avoir été abandonné par sa compagne...

Les « vierges ouvrantes » de Bretagne

En France, on estime au nombre d'une vingtaine les statues de la Vierge qui, ouvertes, révèlent des scènes de l'Évangile et de la vie du Christ. On les appelle donc « vierges ouvrantes ». Trois de ces curiosités sont répertoriées en Bretagne, dont l'exceptionnelle statue de Notre-Dame de Quelven, à Guern, au sud-ouest de Pontivy, dans le Morbihan. C'est lors du grand pardon du 15 août que l'on ouvre la statue. Sinon, il faut faire une demande au curé (au recteur) de Guern...

Si l'on ne peut considérer que la statue elle-même, on voit une Vierge portant une couronne royale ; sa main droite tient un sceptre surmonté d'un lys. De la main droite, elle tient l'Enfant Jésus debout sur ses genoux, lequel bénit les fidèles... ou le monde entier.

Mais, si l'on a la chance de voir l'intérieur de la statue en bois polychrome, c'est une merveille : douze bas-reliefs illustrant la vie du Christ se dévoilent, à raison de trois pour chacun des quatre « étages ». Tout en haut est traité le thème du Jugement dernier : au centre, le Christ juge les hommes, donc ; les deux bas-reliefs qui l'enserrent représentent, l'un, un ange portant la lance de la Passion, et, l'autre, un ange présentant sur un panneau l'inscription « INRI » (clouée, par ironie, sur la croix du Christ, afin de le dénommer, par dérision, « Jésus de Nazareth, roi des Juifs »).

À « l'étage » du dessous, les trois bas-reliefs illustrent la résurrection des morts : on y voit, au centre, les morts sortant du tombeau, répondant à l'appel des trompettes dont jouent des anges : un dans chaque bas-relief des côtés.

Au troisième niveau, les trois bas-reliefs représentent respectivement : la flagellation du Christ ; sa mort sur la croix, entouré de la Vierge et de saint Jean ; la Descente de croix.

Enfin, tout en bas, il y a la Mise au tombeau, puis le Christ apparaissant à Marie Madeleine ; le troisième bas-relief représente la Descente aux enfers, ceux-ci figurés par un dragon.

Il n'y a plus d'Esprit Saint !

La seconde « vierge ouvrante » est aussi une Vierge allaitante (voir, par ailleurs, p. 27), qui figure dans l'église Saint-Matthieu, à Morlaix. Commandée par la confrérie de Morlaix, elle aurait été réalisée sans doute dans la région de Cologne, vers 1400. La scène centrale est entièrement occupée par la représentation de la Trinité : le Père soutient son Fils, le Christ en croix. Mais la colombe représentant l'Esprit saint qui était placée sur la tête de Dieu... a disparu. On ne dira pas « comme par une opération du Saint-Esprit ! ». Les deux côtés, les deux volets, sont occupés, chacun, par trois scènes peintes. Sur le volet gauche, de haut en bas, l'Annonciation, la Nativité et la Présentation au Temple ; sur le volet droit, la Flagellation, la Résurrection et la Descente aux enfers.

Traditionnellement, cette statue est ouverte du jour de la Trinité jusqu'au 8 septembre.

La Vierge ou... Gene Tierney ?

Troisième et dernière « vierge ouvrante » de Bretagne, très endommagée à la suite d'un incendie accidentel dû à un cierge en 1940 : celle de l'église Notre-Dame-du-Folgoët, à Bannalec, dans le Finistère, vers Rosporden. Cette statue estimée être du début du XVIIe siècle se trouvait auparavant dans l'église Saint-Martin, aujourd'hui en ruine, du village de Locmarzin.

Sur une carte postale ancienne, on peut distinguer, plus nettement qu'en regardant la statue abîmée, les différentes scènes : le centre est occupé par un Christ en croix au pied duquel est agenouillée Marie Madeleine, avec son vase de parfums ; dans les deux volets du triptyque sont représentés notamment le Baiser de Judas, l'Arrestation du Christ, saint Pierre coupant l'oreille de Malchus (un de ceux venus arrêter le Christ), etc.

Lorsque l'on regarde la photographie de la statue illustrant cette carte postale ancienne, la Vierge apparaît, selon nous, telle une actrice des années 1940, avec une chevelure abondante et bouclée…

QUIZ

Qu'appelle-t-on « Quai des bulles » ?

a) Un quai historique, à Saint-Nazaire.

b) Un musée océanographique, à Vannes.

c) Un festival de littérature, à Saint-Malo.

d) Un concert donné à Concarneau pour la grande marée de septembre.

Les Américains s'étaient fait... fort de tourner là !

Propriété de la famille Joüon des Longrais, le fort Lalatte, (ou fort la Latte, ou château de Fort-la-Latte, ou château de la Roche-Guyon), est l'un des plus célèbres châteaux bretons. Cette forteresse érigée à partir de 1340 (donjon construit vers 1360) est située en un point stratégique exceptionnel : sur un piton rocheux entouré de falaises et donnant sur la mer, non loin du cap Fréhel. De là, on jouit d'un panorama incomparable sur la Côte d'Émeraude, sur la Manche...

On ne saurait alors s'étonner de l'intérêt que lui ont porté de nombreux cinéastes. De l'Américain George Sidney, en 1947, pour sa version des *Trois Mousquetaires* à la distribution éblouissante – Gene Kelly en d'Artagnan, Vincent Price en Richelieu, Van Heflin en Athos, Lana Turner en Milady de Winter... – aux spectaculaires *Vikings* du non moins américain Richard Fleischer et aux *Chouans !* de Philippe de Broca.

Le tournage à Fort-la-Latte des scènes dites « du château fort » des *Vikings* a marqué les esprits, car il s'est agi d'un film à grand spectacle, dont les têtes d'affiche étaient des stars célèbres : Kirk Douglas, Tony Curtis, Janet Leigh, Ernest Borgnine... L'attaque du château, censé, dans l'histoire, se situer en Angleterre, est considérée comme un modèle du genre côté technique cinématographique. En revanche, il ne faut pas trop ergoter sur la cohérence époque des Vikings / château fort du XIVe siècle (même si les décorateurs firent le maximum pour dissimuler sous le bois le… garage et les toits d'ardoise, pour masquer des fenêtres et des cheminées peu d'époque).

Cinq cents (!) techniciens – en tenue bleue, avec au dos, en lettres blanches, *The Vikings*, envahirent les lieux pour installer du 15 au 30 mai 1957 tout le matériel nécessaire (transporté par deux DC4) au tournage de la partie « attaque du château ». Ledit tournage, par contrat avec les propriétaires, devait être achevé le 15 septembre.

Ce furent des entreprises locales qui… démontèrent les deux pont-levis, pour les remplacer par des faux : le premier devant être enfoncé par un bélier, on lui substitua une copie en balsa ; le second devait être escaladé par le cascadeur Sullivan, supposé être un Viking s'agrippant à des haches lancées, et donc enfoncées, dans le pont-levis relevé. On ne pouvait pas abîmer le second vrai pont-levis : là encore les menuisiers agirent pour effectuer un remplacement le temps du tournage. C'était très… fort !

Ce monument historique classé se visite toute l'année, à des horaires variant selon les saisons. Il n'est fermé complètement que pour Noël et le jour de l'An.

C'est l'initiateur qui eut aussi des hauts et des bas !

Le passage Pommeraye est un haut lieu de Nantes, en ce sens qu'il s'agit du plus beau passage couvert de la cité des Ducs. Vers 1840, l'homme d'affaires Louis Pommeraye confie en effet à deux des architectes les plus connus de la ville, Hippolyte Durand-Gasselin et Jean-Baptiste Buron, la construction d'un passage reliant la rue de Santeuil à la rue de la Fosse, en contrebas. Le quartier, surtout côté Fosse, n'est pas des plus huppés... Surtout, les hommes de l'art doivent faire face à une dénivellation de 9,40 mètres pour une distance de 130 mètres environ. Le chantier sera forcément coûteux...

Le tour de force sera accompli en 1843, s'accompagnant d'une réussite commerciale immédiate, et, depuis sa création, le passage est chaque jour fréquenté par les Nantais et par les touristes, attirés par le charme néo-classique du lieu et par les boutiques. En revanche, Louis Pommeraye et ses actionnaires sortiront ruinés de l'affaire...

Le parlement tel le phénix...

Plusieurs légendes courent sur le phénix, l'oiseau fabuleux évoqué dans différentes mythologies... Là, il se consumerait sous l'effet de sa propre chaleur ; ici, se sentant mourir, il se « suiciderait » sur un nid de branchages en y mettant (?) le feu. Mais, quelle que soit la version, ou bien il renaît lui-même de ses cendres, ou bien sort des cendres un nouveau phénix qui, à son tour...

Le parlement de Bretagne, à Rennes, peut être comparé à cet oiseau légendaire, puisque lui aussi est ressorti des flammes, en quelque sorte. Et à deux reprises !

Premier édifice civil à être en pierre (granit et tuffeau) dans une ville quasiment médiévale encore en bois, le bâtiment avait été inauguré en 1655. Les maîtres d'œuvre avaient été Salomon de Brosse, architecte de la cour de France, et Germain Gaultier, architecte de la ville de Rennes.

En 1720, un incendie part de l'atelier d'un menuisier éméché, qui, se querellant un soir, ou une nuit, avec son épouse, a mis le feu en faisant tomber une bougie sur des copeaux ! Les conséquences vont être considérables : toute la partie haute de la ville est touchée, et l'on estime que Rennes est dévastée à 40 %, dont les habitats les plus aisés et un bon nombre de bâtiments importants : la grande cohue (le grand marché), le beffroi, le présidial, l'hôtel du commandant en chef de la province...

Des manifestants tout feu tout flammes ?

Le parlement, en pierre, lui, résiste mieux : seule une partie de sa toiture est touchée. Le premier président, Pierre de Brilhac, aurait eu, avancent certains, la bonne idée de faire remplir d'eau les plombs (les cuvettes) servant normalement, à cette époque, à l'évacuation des eaux usées...

Le parlement de Bretagne a donc échappé, cette fois, à la destruction par les flammes...

En 1994, des fusées éclairantes de détresse lancées en fin de journée par des marins pêcheurs manifestant à Rennes pour protester contre des décisions de la Commission européenne ne vont pas mettre le feu aux poudres, mais très probablement, et sans le vouloir, mettre le feu aux... poutres. Une ou certaines de ces fusées, en effet, vont arriver sur le toit du bâtiment, pénétrer directement, en brisant des ardoises, dans la partie supérieure du monument historique. Le feu, insidieusement, va, dans la nuit du 4 au 5 février, couver, puis se propager de plus en plus en vite, dévorant l'exceptionnelle charpente. Les premiers « soldats du feu », alertés tardivement à la suite, semble-t-il, d'une mauvaise interprétation, sur place, de l'alarme à incendie, n'arriveront qu'à minuit et demi, prévenus par des passants.

C'est un désastre : à l'aube, les deux tiers du bâtiment sont détruits. De quoi pleurer de rage ! De sublimes boiseries, la bibliothèque, quelques tableaux de grands maîtres sont partis en fumée ou sont très endommagés, mais l'action conjuguée des pompiers et des architectes des Monuments historiques va permettre de sauver une grande partie des œuvres, les tapisseries...

L'émotion est énorme à travers toute la Bretagne, et au-delà... Les institutionnels – locaux, régionaux, nationaux – réagissent en « mettant le paquet » ! À partir de 1996-1997, le bâtiment sera restauré, l'intérieur reconstruit à l'identique, en trois ans, et pour un montant un peu « flou », puisque les chiffres fournis aboutissent à une fourchette se situant entre trente-cinq et cinquante-cinq millions d'euros.

Tel le phénix, le parlement de Bretagne est ressorti des cendres ! On peut le visiter, sur réservation à l'office de tourisme de Rennes.

Test final !

Complétez le « texte à trous » ci-après par un des mots ou expressions qui suivent :

Amitiéville – Mathurin Méheut – François II – radis noir – Célestin III – Solidor – Qui-qu'en-grogne – « la Ville aux cent clochers » – Roger Vercel – « cyclards bretons » – Cancale – « la cité des Ducs » – « Château-Trompette » – Combourg – Jean IV – Napoléonville – Jean-Julien Lemordant – « la capitale du goémon » – Eugène Quillivic – René-Guy Cadou – Tréguier – Ernest Renan – Olivier V – Arthur Ier – Redon – Saint-Brieuc – « bérets bleus » – Quimper – cerise noire – Paul Féval (père) – salsifis – Alphaville – François-Marie Luzel – artichaut – Dinan – Anatole Le Braz – « Johnnies » – La Ville-l'Empereur – Gustave-G. Toudouze – « la Carcassonne de l'Armorique ».

La guerre de la Succession de Bretagne opposa longuement, aux XIVe et XVe siècles, les Blois (soutenus par la France) et les Montfort (soutenus par les Anglais). Dès la fin du XVe siècle, le duc ...., sorti vainqueur de ce conflit, multiplia la construction des tours de surveillance, telle la fameuse tour .... à Saint-Servan. Les grandes familles proches du duc vont construire et/ou consolider de nombreux châteaux, ainsi .... qui abritera, plus tard, la famille de Chateaubriand.

Le duc ...., père d'Anne de Bretagne, entreprit, lui, la rénovation complète de son château de Nantes, ville surnommée .... Les siècles passent... Napoléon Bonaparte souhaite faire de Pontivy un centre très important, pour le grand commerce comme du point de vue militaire. En novembre 1804, la ville prendra le nom de ....

Au xxe siècle, de nombreux artistes bretons vont se révéler, dont certains connaissent de nos jours un regain de notoriété. Ainsi ...., dont le musée est à voir absolument, à Lamballe, dans la maison dite « du Bourreau ».

Parmi les écrivains populaires, celui qui sans nul doute obtint les plus grands succès est ...., dont chacun devrait lire (ou avoir lu) Le Bossu, Le Loup blanc, Les Habits noirs...

Depuis Roscoff, les .... allèrent proposer dans le sud de la Grande-Bretagne les beaux oignons rosés, tandis qu'il n'est pas chauvin de présenter Saint-Pol-de-Léon comme la capitale mondiale de l'...................

RÉPONSES AUX JEUX, DEVINETTES, CHARADES…

Réponse à la charade, p. 14

La fontaine de Barenton. – Fond – Taine – De – Bar – An – Thon.

Haut lieu de la légende arthurienne, cette fontaine merveilleuse est localisée dans la forêt de Brocéliande, que l'on connaît aujourd'hui sous le nom de « forêt de Paimpont ».

Solution de l'anaphrase, p. 21

Rivet et Vitré. – Le château de Vitré, en Ille-et-Vilaine, est une puissante forteresse associant le roman, le gothique, le style Renaissance et le néo-gothique. C'est un monument à voir, et à visiter.

Solution de l'énigme, p. 27

S'ils te mordent, mords-les !

Devise de Morlaix, sous-préfecture du Finistère.

Une autre supposition renvoie à une implantation romaine : *Mons Relaxus* ⇒ Mont Relais ⇒ Mont Relaix…

Solution de la contrepèterie, p. 34

Les écolos de l'an dernier.

Réponse au quiz, p. 43

b) De la pièce *Les Héritiers ou le Naufrage*, d'Alexandre Duval.

Le Rennais Alexandre Duval (1767-1842 ; Alexandre-Vincent Pineux, dit) exerça différentes professions (marin, buraliste, militaire, ingénieur, architecte...) avant de se consacrer au théâtre, comme acteur, puis comme librettiste et auteur dramatique. « Monté » à Paris, il y réussit une fort belle carrière : ses pièces furent données très longtemps à la Comédie-Française – où il avait lui-même joué –, et il devint le directeur du théâtre Louvois, puis de l'Odéon. En 1812, il fut élu à l'Académie française, et, plus tard, sera nommé administrateur de la bibliothèque de l'Arsenal.

Auteur prolifique de pièces plaisantes qui convenaient au grand public, seul ou associé à des auteurs à succès comme Louis-Benoît Picard, il fait représenter, en 1796, une comédie en un acte : *Les Héritiers ou le Naufrage.*

Les férus d'opérette penseront certainement aux fameuses *Cloches de Corneville* de Robert Planquette (1877, livret de Clairville et Gabet) en voyant l'argument des *Héritiers* : porté disparu en mer, le héros, un jeune noble, miraculeusement sain et sauf, revient à Landerneau... alors que ses proches vont se partager l'héritage. Cet événement fait l'effet d'un coup de tonnerre, et le valet du rescapé s'exclame : « *Oh ! Le bon tour ! Je ne dirai rien, mais cela fera du bruit dans Landerneau !* » Bien évidemment, la petite ville est frappée par ce « scandale », et on imagine que les commérages se répandent rapidement...

Cette pièce fut longtemps jouée au Français, avec un grand succès donc, et, comme en bien d'autres cas, des répliques et/ou des mots sont alors repris par le public, puis lexicalisés... C'est ainsi que le propos d'Alain, le valet, fit florès, au sens de : « Voilà un événement qui va faire beaucoup parler ! » :

> « *Il fallait absolument qu'il trouvât à faire parler de lui. Une communication importante à l'Académie de médecine était urgente ou bien quelque guérison miraculeuse qui fît grand bruit dans Landerneau.* » (Armand Silvestre, *Fantaisies galantes.*)
> « *Il est bien certain que les charmantes opinions de monsieur mon neveu peuvent faire assez de bruit dans Landerneau.* (Marcel Proust, *Du côté de Guermantes.*)
> « *Il y aura du bruit dans Landerneau, et ça rompra peut-être un peu avec la monotonie de l'existence !* (Edmond About, *Madelon.*)

Alexandre Duval, en écrivant cette réplique, pensa-t-il à la tradition du charivari, très répandue en France, et pas seulement dans la petite ville du Finistère, qui consistait à faire beaucoup de bruit devant la maison d'une veuve se remariant ? Ou songea-t-il au fameux « tonnerre de Brest », ce canon qui, à une vingtaine de kilomètres de Landerneau, tonnait très bruyamment à chaque fois qu'un forçat s'évadait du bagne ? Rien n'est moins sûr...

Par extension, le nom de Landerneau s'est répandu, et cela a été entériné par les dictionnaires (y compris, et pendant plusieurs lustres en dépit des lettres que l'on adressait aux lexicographes d'un dictionnaire très usuel, qui avaient opté pour la graphie « landernau », sans majuscule, de plus !) pour désigner, souvent avec quelque ironie, un microcosme, un certain milieu qui se donne beaucoup d'importance...

> *« Voici ce livre, peu commun, et qui fit jadis un certain bruit dans le Landerneau littéraire. »* (Paul Eudel, *Envois d'auteurs, 1898).*
> *« Ils ont adressé à leur délégué un mémoire très complet de cette affaire, destiné à un certain bruit dans le Landerneau colonial. »* (Louis Brunet. *La France à Madagascar, 1895).*
> *« Bien entendu, cet épisode burlesque fait du bruit dans le Landerneau de la haute couture. »...*

L'emploi du nom propre est identique à celui de *La Mecque* dans « *Cette cité est devenue la Mecque des collectionneurs de tout poil* » : bien évidemment, il faut conserver la majuscule !

Réponse à « Un compositeur européen... qui s'intéressa à la Bretagne », p. 53

c) Il s'agit du PARDON DE PLOËRMEL, connu aussi sous le titre de *Dinorah*, d'après le nom de l'héroïne. L'air le plus réputé de cet opéra-comique est *Ombre légère*.

Réponse à « On lui croque les oreilles... », p. 60

Les découpures en forme d'arcs accolés du Petit-Beurre LU sont des FESTONS. Ce mot est utilisé couramment, par ailleurs, en architecture, en couture, en broderie, en décoration, etc.

Pour signifier que le Petit-Beurre LU pouvait être grignoté à longueur d'année, le fabricant a choisi de faire figurer quarante-huit petits festons et quatre, plus grands, aux angles. Le total de cinquante-deux évoque le nombre des semaines dans l'année, et les quatre plus grands représentent les quatre saisons !

Réponse à la devinette, p. 66

Commune de l'arrondissement de Guingamp, CALLAC porte un nom palindromique, comme vingt-six autres villes françaises : Laval, Sées, Noyon, Cazac, Selles... (Curiosité supplémentaire, deux de ces communes ont, de plus, un code postal palindromique : 06360 Èze, 07370 Sarras.) À part

Callac, une seule autre commune bretonne est un palindrome : Esse, en Ille-et-Vilaine.

De plus, Callac est un isovocalisme : ce nom ne comporte qu'une même voyelle, le A…

Les Callacois et Callacoises vivent donc à environ trente kilomètres au sud-ouest de Guingamp, à vingt kilomètres au nord-est de Carhaix-Plouguer. Rivière de quelque cinquante kilomètres, affluent de l'Aulne, l'Hyères arrose la petite ville (2 300 habitants).

Le blason se dit : « D'argent aux trois chevrons de gueules » (en héraldique, gueules = rouge).

Il ne subsiste rien du château féodal, démantelé, restauré, redémantelé, au fil des siècles. En revanche, on peut voir les ruines d'un pont gallo-romain et celles de l'ancienne église paroissiale.

Callac étant la capitale de… l'épagneul breton, on peut visiter le musée – la Maison de l'épagneul breton – dédié à ce croisement du setter écossais et du rustique « chien du charbonnier » local. Autre vedette : Naous, statufié par le sculpteur animalier Guyot. Ce puissant étalon fit une belle carrière, pendant dix-huit ans, aux haras de Callac, a été ainsi honoré pour célébrer, plus généralement, l'élevage local des chevaux de trait bretons.

Depuis 2005, une « Semaine culturelle » réunit, dans l'été, des artistes, musiciens, conteurs, et écrivains.

Réponse au triplé de devinettes, p. 73

a) RENNES, bien sûr, et le père Noël partage ce sentiment ! Ils seraient bien démunis, ces Lapons, sans ce renne qui leur fournit viande et fourrure, qui sert d'animal de trait et de bât…

b) FOUGÈRES, dont on ne manquera pas de voir et visiter le château ! Les spécialistes estiment à… 13 000 le nombre des espèces de fougères ! Celles-ci sont généralement des plantes d'ombre, nombreuses en Bretagne.

c) La forêt de PAIMPONT, évidemment, en qui l'on voit la mythique forêt de Brocéliande. Située en Ille-et-Vilaine, on estime sa superficie à environ 9 000 hectares. On y trouve principalement des hêtres et des chênes, mais aussi des pins sylvestres.

Réponse à la charade, p. 81

CHATEAUBRIAND. – Chat – Taux – Brillant.

Le grand écrivain breton passa en effet une existence morne au château de Combourg (qu'il faut absolument visiter), une forteresse située à mi-chemin de Rennes et de Saint-Malo.

Réponse à la devinette/calembour… à-peu-près, p. 87

IL « EST D'REDON » ! – Édredon.

Réponse à la charade... de Brest !, p. 93

QUESTEMBERT, qui est toujours [une] cité du Morbihan ! – Caisse – Temps – Ber (un *ber* – de la famille de berceau – est une charpente qui supporte un bateau en construction... et qui glisse dans l'eau avec lui lors du lancement, ou bien une charpente qui supporte un navire à terre ; par ailleurs, le mot désigne aussi la ridelle d'une charrette).

Proche de Vannes, Questembert est une petite ville remarquable par ses halles (on disait « cohue », alors, mot issu du breton et qui a pris, comme chacun sait, le sens de « foule », de « multitude », puis de « foule de personnes qui se bousculent », « assemblée grouillante ») du XVIe siècle, très restaurées, reconstruites au XVIIe, car il ne reste rien, en fait, de la première halle.

C'est en 1675 qu'un entrepreneur local du nom d'Estienne... Charpentier réalise le chef-d'œuvre que l'on peut voir et admirer : une « cathédrale de bois ayant un vaisseau et deux nefs » ! On estime que 176 mètres cubes de chêne ont été nécessaires. La toiture couvre 1 180 mètres carrés. Le bâtiment, ouvert sur les quatre côtés, mesure 54, 85 mètres de long, 15, 43 mètres de large, et 10, 20 mètres de hauteur ; il repose sur quatre-vingts piliers de chêne.

Ces halles ont été classées monument historique en 1922. Elles ont été restaurées à nouveau en 1997. Jadis, elles accueillaient principalement les paysans, les drapiers, les cordiers, les cordonniers... Aujourd'hui, les halles de Questembert sont toujours très fréquentées : le lundi matin, pour un marché régional ; le mercredi en soirée, pour un marché de produits locaux. Elles servent aussi, notamment en été, pour des foires, des concerts, des bals populaires, des festivals et salons...

À part Questembert, on peut voir d'autres halles en bois en Bretagne : au Faouët et à Rohan (Morbihan), à Plouescat (Finistère) et à Clisson (Loire-Atlantique).

On ne saurait, étant à Questembert, négliger de voir l'hôtel Belmont, siège de l'office de tourisme. Sa tourelle au toit soutenu par deux cariatides en bois sculpté dénommées, sur place, « Questembert et sa femme » (ce qui évoque évidemment « Vannes et sa femme », figures en granit colorié bien connues et ô combien photographiées de l'angle de la rue Pierre-René-Rogue et de la rue Noé, à Vannes) et sa toiture aux lucarnes ouvragées méritent de s'y arrêter.

Réponse à « Les cisterciens sont "bonne pâte" », p. 102

Tous ces noms de lieux sont des noms de fromages bretons.

Les moines de l'abbaye Notre-Dame de Timadeuc (à Bréhan, dans le diocèse de Vannes [Morbihan]) se mirent, après leur installation, en 1841, à fabriquer du fromage avec le lait de leurs troupeaux. Pour eux-mêmes et pour leurs invités, puis pour la vente... Cela en reprenant la méthode de fabrication apprise de leurs confrères de l'abbaye de Port-Salut, dans la Mayenne, qui élaboraient le vrai et véritable Port-Salut. Les cisterciens de Timadeuc fabriquent donc le « TRAPPE DE TIMADEUC » (que l'on pourrait normalement écrire « le trappe-de-timadeuc »), un fromage à pâte pressée non cuite. Ils y ont ajouté une spécialité aux noix : le Timanoix.

Le NOYAL est un fromage à pâte pressée non cuite, proche du saint-paulin. Il doit son nom à Noyal-sur-Vilaine, commune d'Ille-et-Vilaine, et se présente sous la forme d'un carré d'environ deux cents grammes aux angles arrondis.

Le CAMPÉNÉAC – ou abbaye-de-campénéac – est également un fromage à pâte pressée non cuite, se présentant sous la forme d'un disque de deux kilos à talon convexe. Il est fabriqué dans la ville éponyme du Morbihan, dans le canton de Ploërmel.

Le monastère de Campénéac a été occupé, après la Seconde Guerre mondiale, par des trappistines venues de l'abbaye de Sainte-Anne-d'Auray : Campénéac est la seule abbaye de moniales cisterciennes en Bretagne. Son nom exact est : abbaye La Joie Notre-Dame.

Commune de Loire-Atlantique, arrondissement de Saint-Nazaire, Saint-Gildas-des-Bois a donné son nom à un fromage de vache à pâte molle et à croûte fleurie en forme de cylindre (huit centimètres de diamètre et quatre centimètres de haut). Le SAINT-GILDAS-DES-BOIS est un triple-crème, à saveur douce.

Question annexe : « Timadeuc » a la particularité d'être un toponyme formé de lettres uniques,toutes différentes… C'est ce qu'on appelle un « hétérogramme ». Pour les noms communs usuels du français, les hétérogrammes les plus longs sont trois adjectifs de quatorze lettres : *stylographique*, *cryptogamiques* et *xylographiques*.

Solution de la suite logique, p. 111

a) Le classement des communes est déterminé par la place de la lettre A : initiale dans AUDIERNE, en deuxième position dans LANVOLLON, en troisième dans PLANCOËT, etc.

b) Le A étant à la sixième place dans PLOUDALMÉZEAU, il fallait donc trouver, pour compléter logiquement la série, un nom de ville ayant un A en septième position. C'était le cas de LOCRONAN !

Réponse à « Des bisous contre un bijou : c'est chou ! », p. 118

Comme « chou », bijou est un mot dont toutes les lettres se présentent DANS L'ORDRE ALPHABÉTIQUE, y compris au pluriel, bien sûr, puisque c'est un *x*, et non un *s*, qui marque l'accord en nombre.

Environron trois cents mots (courts) sont dans ce cas : *dehors, effort, accent, afflux, alors, chiot, abcès…*

Réponse à la charade… de Brest, p. 125

La réponse était une ville, donc une… cité (cette ville est donc toujours… cité !), des Côtes-d'Armor, à savoir : LÉZARDRIEUX. Située près de l'estuaire du Trieux, cette commune est connue pour son pont érigé en 1840, point important du trafic routier régional.

Cette petite commune offre un port de commerce et un port de plaisance. Les Lézardriviens et Lézardriviennes sont environ 1600.

La charade se découpait ainsi : lézard – drille – œufs (on connaît de réputation les fameuses omelettes de l'hôtelière et cuisinière « la mère Poulard », au Mont-Saint-Michel).

Réponse au quiz, p. 130

b) UNE RUE DE DINAN. – Parmi les nombreux sites remarquables de la très belle ville fortifiée de Dinan (Côtes-d'Armor) installée en partie sur une colline dominant la Rance, le plus singulier est sans doute l'étonnante rue du Jerzual, couramment appelée « le Jerzual ».

Il s'agit d'une rue étroite et sinueuse, à la pente très raide, et nous mettons sérieusement en garde les personnes à forte surcharge pondérale, les insuffisants respiratoires, voire, plus prosaïquement, ceux qui n'auraient pas de bonnes chaussures, contre une montée trop hâtive, qui coupe littéralement le souffle à bien des gens. La descente n'est pas des plus aisées non plus, il ne faut pas s'y tromper !

Cependant, il serait bien dommage de faire... l'impasse sur cette rue époustouflante, qui relie sèchement et rudement, avec son prolongement de la rue du Petit-Fort, en haut, la ville basse et le port, d'une part, et la ville haute, d'autre part. De nombreux magasins d'artisans occupent les maisons à pans de bois, et/ou à encorbellements, voire à vitraux, et attirent quasiment toute l'année des nuées de touristes. Cette rue fut très animée, auparavant, jusqu'au milieu du XIXe siècle, à la fois parce qu'elle était l'unique moyen de communication de la ville haute avec la mer, via le port et la Rance, et aussi en raison de ses habitants, appartenant aux couches populaires et prompts à lancer des quolibets, à brocarder les passants, etc.

Les sportifs... entraînés peuvent participer au Défi du Jerzual, une course pédestre d'environ onze kilomètres comportant évidemment la montée du Jerzual !

Réponse à « Très honoré, mon cher Balzac ! », p. 136

L'action se passe à GUÉRANDE (aujourd'hui : en Loire-Atlantique).

« Capitale » de la presqu'île guérandaise, la cité fortifiée (d'où l'allusion à Carcassonne) de Guérande a conservé en bon état les murailles qui enserrent la partie intra-muros. La Ville veille à maintenir en bon état, voire à reconstituer complètement, si possible, le chemin de ronde, le haut des remparts.

Guérande : il faut probablement y voir *Gwen ran*, le « pays blanc », c'est-à-dire les marais salants... Mais ce n'est pas avéré à 100 % !

Ville historique (c'est un des hauts lieux de l'histoire du duché de Bretagne), reconnue par le label « Ville d'art et d'histoire », Guérande a conservé intra-muros son cachet de cité médiévale. C'est d'ailleurs une grande « fête médiévale » qui y est organisée, durant deux jours, au mois de mai.

Balzac s'est inspiré de trois personnes en vue, dont les faits et gestes ne passaient pas inaperçus : Béatrix, c'est MARIE D'AGOULT ; Félicité, c'est GEORGE SAND ; et le musicien Gennaro Conti doit beaucoup à FRANZ LISZT.

Réponse à « Lamoricière ! Cessez de faire le zouave ! », p. 141

Le général (ou l'un de ses officiers) se rendit compte un jour que le pantalon bouffant à entrejambe bas – le sarouel – des zouaves contrariait les mouvements, la mobilité de ces militaires quand, à la suite de la traversée d'un oued, le pantalon se retrouvait rempli d'eau ! Par avance « *Élémentaire, mon cher Watson !* » (Arthur Conan Doyle et Sherlock Holmes nous pardonneront l'anachronisme...), la solution fut trouvée, soit par Lamoricière, soit par un esprit vif et audacieux de son entourage : il fallait, alors, pratiquer au fond du sarouel un trou facilitant l'écoulement du liquide importun... Ainsi fut fait, et cet indispensable « dispositif » fut créé. On lui donna le nom de « TROU LAMORICIÈRE » ou, par raccourci, « le lamoricière ». Tout cela est rigoureusement authentique !

Réponse à « Katell Gollet », p. 147

Une belle jeune fille répondant au nom de Katell Gollet figure dans des scènes représentées sur les calvaires bretons... Mais ce n'est pas du tout pour vanter ses vertus et ses mérites ! Bien au contraire : elle se trouve là à titre de contre-exemple et pour mettre en garde celles qui seraient tentées de l'imiter.

Fille aux mœurs dissolues ayant de nombreux amants, celle qui est surnommée « Katell Gollet », c'est-à-dire « Catherine perdue » (au sens de « fille perdue ») accepta un jour, selon une des versions de la légende, de voler une hostie consacrée, pour complaire à l'un desdits amants. Or ce dernier n'était autre que Satan... Katell fut alors condamnée aux tourments éternels, et quand elle mourut elle fut précipitée aux enfers.

Le calvaire de Plougastel-Daoulas représente ainsi une scène très édifiante, destinée à faire tenir tranquilles les dévergondées : de l'enfer, représenté par la gueule ouverte d'un monstre, sortent des démons grimaçants, et l'un d'eux s'empare du beau corps nu de Katell pour l'entraîner au fin fond des entrailles du monstre infernal. Brrrrrr !

Réponse à la devinette, p. 148

C'est la... PALOURDE, bien sûr ! Mais qui, pourtant, a pour étymon un terme signifiant « huître d'une énorme grosseur », « monstre » !

En Provence, on l'appelle *clovisse*, d'après le terme régional *clauvisso*, qui a donné la variante *clauvisse*, aujourd'hui inusitée. Rien à voir avec celui qui se fit baptiser à Reims par saint Remi !

Réponse au quiz, p. 153

b) Dans *La Semaine de Suzette*, journal lancé en 1904 par les Éditions Gautier-Languereau. Le personnage de Bécassine fut créé par le dessinateur Joseph Pinchon, sur une histoire de Jacqueline Rivière.

Réponse à « Doublement récompensé », p. 158

Il ne s'agit pas de François-René de Chateaubriand, mais d'ALPHONSE DE CHÂTEAUBRIANT (1877-1951). D'abord récompensé par le prix Goncourt pour son roman *Monsieur des Lourdines*, en 1911, un ouvrage puisant dans le terroir régional du Grand Ouest, l'écrivain obtient un énorme succès avec *La Grande Brière*, en 1923, qui lui vaut le Grand Prix du roman de l'Académie française. Comme le titre l'indique, l'action se situe dans le milieu très particulier – unique en France – des Briérons, en Loire-Atlantique. La Grande Brière, au sein de ce que l'on appelle « pays blanc, pays noir » dans la presqu'île de Saint-Nazaire, représente la composante noire, le pays de la tourbe, par opposition au « pays blanc » (les marais salants : Guérande, Batz-sur-Mer, Saillé, Le Croisic...).

Le marais de la Grande Brière mottière est la propriété indivise des habitants des vingt-et-une communes riveraines. Même si la Grande Brière n'est évidemment pas coupée du monde – de nombreux Briérons travaillent aux « Chantiers de Saint-Nazaire », comme on continue à le dire dans la presqu'île, alors que l'entreprise a changé de nom –, le milieu briéron reste une entité très particulière.

Que ce soit à pied, à vélo, en calèche ou en barque, il faut absolument visiter *« cet immense lotus bleu épanoui au milieu du cirque de l'atmosphère »* (A. de Châteaubriant), en en respectant la faune et la flore.

Réponse à « Nous sommes d'un pays qu'on ne quitte jamais... », p. 165

Il s'agit de la magnifique chanson *Héritage sénan*, par laquelle Louis Capart (auteur, par ailleurs, du succès *Marie-Jeanne-Gabrielle*) rend hommage à son île de Sein :

Nous sommes d'un pays qu'on ne quitte jamais
Que l'on porte en soi comme un secret,
Comme un rêve un peu fou d'inscrire au fond de nous
Toute l'histoire de ce Caillou.

Réponse à la devinette-calembour, p. 168

Il s'agit de Lanvallay (eh bien, oui : les « lents valets » !), situé sur les bords de la Rance, face à Dinan.

L'ethnonyme, ou gentilé, étonne : les habitants de Lanvallay sont des... Côtissois et Côtissoises ! Le terme met encore en échec les linguistes, chercheurs et étymologistes. Sans certitude, on avance donc, généralement, que le mot viendrait de *cotia* ou *cotissa*, qui, en gallo, désigne la digitale. Comme cette plante abondait en ces lieux de bord de Rance, les habitants de Dinan auraient pris l'habitude d'utiliser ce surnom (« les gens de la digitale », « les digitaliens », « les digitalais »...) pour dénommer les natifs et/ou habitants de Lanvallay.

Solution de l'anagramme, p. 172

Les mots évoqués étaient : a) LANERETS – b) ALTERNÉS – c) SALÈRENT – d) STERNALES.

La ville à trouver était : LANESTER, au confluent du Blavet et du Scorff, à côté de Lorient.

Réponses à « Villes de Bretagne », p. 179

a) Finistère : QUIMPER.

b) Morbihan : VANNES.

c) Loire-Atlantique : NANTES.

d) Ille-et-Vilaine : RENNES.

e) Côtes-d'Armor : SAINT-BRIEUC.

Les erreurs les plus fréquentes entendues, parfois lues : faire de Brest le chef-lieu du Finistère, et de Lorient celui du Morbihan !

Réponses à « Il frappait comme un sourd... peut-être ! », p. 186

Adolphe Julien Fouéré, dit (de par sa volonté) l'abbé Fouré, est né en 1839 à Saint-Thual (arrondissement de Saint-Malo). De 1863 à 1889, il sera affecté à différentes paroisses. La dernière en date, en 1889, est Langouët, où il sera constaté en 1894 – officiellement, à la mairie, sur le registre du conseil municipal – qu'il a une « dureté d'oreille ». Ce handicap fait qu'il doit abandonner cette commune, en dépit des regrets de ses paroissiens, qui signent une pétition pour obtenir son maintien.

Il est donc envoyé, comme « prêtre habitué » (c'est-à-dire un prêtre n'ayant ni charge ni dignité dans une paroisse, mais participant aux offices, en tant qu'assistant), à Rothéneuf, commune alors rattachée à Paramé, station balnéaire très cotée, à cinq kilomètres de Saint-Malo. Aujourd'hui, Paramé et Rothéneuf, après rattachement, sont des quartiers de la cité malouine.

C'est donc à ROTHÉNEUF qu'il va tailler dans les rochers, à partir de 1894, quelque trois cents personnages, considérés comme représentant une famille de corsaires : les... Rothéneuf ! Par ailleurs, dans sa maison, il sculpte aussi le bois. Frappé de paralysie en 1907, il arrête toutes ses activités. Il décède en 1910.

Réponse à « Elle a fait dans la dentelle ! », p. 191

c) KATELL CORNIC. – Native de Kernazet en Kerfeunteun (Quimper), Katell créa en 1886 ce délice léger et croustillant replié en parallélépipède doré, qu'elle vendit elle-même à Quimper et aussi sur la Côte d'Émeraude.

Réponse à « Les corneilles sont-elles des gastronomes ? », p. 198

a) De délicieux CHAUSSONS AUX POMMES. – La recette contemporaine consiste en des chaussons de pâte feuilletée farcis d'un hachis de pommes de reinette macéré dans du sucre, de la cannelle et du zeste de citron. Ces chaussons se consomment chauds, après avoir été dorés, pendant la cuisson, au jus de pomme et à l'œuf. (À l'origine, il s'agissait seulement, pour les boulangers, de récupérer leur surplus de pâte à pain pour en faire des abaisses – morceaux de pâte aplatis au rouleau – où étaient incorporés des quartiers de pommes.)

Une « fête des Chocards » est organisée chaque année, sur les deux dernières semaines de novembre.

Réponse au quiz, p. 204

c) C'est un festival malouin de la bande dessinée, dont le nom évoque évidemment les bulles de BD (souvent désignées aujourd'hui par le terme ancien, et choisi !, de phylactères).

Ce grand (par sa fréquentation, deuxième de France, derrière l'énorme Salon d'Angoulême) festival de la bande dessinée et de l'image projetée a été créé en 1981. Il se déroule chaque année fin octobre.

Réponses au test final, p. 211

Il fallait compléter, dans l'ordre, par : JEAN IV – SOLIDOR – COMBOURG – FRANÇOIS II – « LA CITÉ DES DUCS » – NAPOLÉONVILLE – MATHURIN MÉHEUT – PAUL FÉVAL (PÈRE) – « JOHNNIES » – ARTICHAUT.

Index

Nous avons fait ressortir **en gras** le nom des personnes, personnages et lieux qui sont au centre des curiosités et énigmes.

Quelques adresses

Côtes-d'Armor

Château-musée
Rue du Château, 22100 Dinan
Tél. : 02 96 39 45 20

Maison de l'épagneul breton
Place du 9-Avril-1944, 22160 Callac
Tél. : 02 96 45 57 89

Musée Mathurin-Méheut
Place du Martray, 22400 Lamballe
Tél. : 02 96 31 19 99

Musée Mémoire d'Islande
Place de la Mairie, 22620 Ploubazlanec
Tél. : 02 96 55 84 62 ou 02 96 55 82 16

Finistère

Musée départemental breton
1, rue du Roi-Gradlon, 29000 Quimper
Tél. : 02 98 95 21 60
www.museedepartementalbreton.fr

Musée national de la Marine
Château de Brest
Rue du Château, 29200 Brest
Tél. : 02 98 22 12 39

Port-musée
Place de l'Enfer, 29100 Douarnenez
Tél. : 02 98 92 65 20

Musée bigouden
Château des barons du Pont, 29120 Pont-l'Abbé
Tél. : 02 98 66 00 40

Musée des phares et balises
Phare du Créac'h, 29242 Ouessant
Tél. : 02 98 48 80 70

Musée de l'école rurale en Bretagne
Kergroas, 29560 Trévargan
Tél. : 02 98 26 04 72

Les Jacobins
Musée de Morlaix
Place des Jacobins, 29600 Morlaix
Tél. : 02 98 88 88 88

Musée de Pont-Aven
Place de l'Hôtel-de-Ville, 29930 Pont-Aven
Tél. : 02 98 06 14 43

Ille-et-Vilaine

Musée des Beaux-Arts
20, quai Émile-Zola, 35000 Rennes
Tél. : 02 23 62 17 45
www.mbar.org

Musée de Bretagne
Les Champs libres
10, cours des Alliés, 35000 Rennes
Tél. : 02 23 40 66 70

Tour Saint-Joseph et tombeau de sainte Jeanne Jugan, fondatrice de la congrégation
Maison mère des Petites Sœurs des pauvres,
35190 Saint-Pern
Tél. : 02 99 45 14 14

Musée de la navigation au long cours et des cap-horniers et tour Solidor
Saint-Servan, 35400 Saint-Malo
Tél. : 02 99 40 71 58

Musée d'histoire de Saint-Malo et château
Château de Saint-Malo, 35400 Saint-Malo
Tél. : 02 99 40 71 57

Château de Vitré
Place du Château, 35550 Vitré
Tél. : 02 99 74 58 59

Loire-Atlantique

Château des ducs de Bretagne et musée d'histoire de Nantes
Château de Nantes
5, place Marc-Elder, 44000 Nantes
Tél. : 0 811 46 46 44

Musée Jules-Verne
3, rue de l'Hermitage, 44100 Nantes
Tél. : 02 40 69 72 52

Océarium du Croisic
Avenue de Saint-Goustan, 44490 Le Croisic
Tél. : 02 40 22 22 93

Musée des Marais Salants
Place Adèle-Pichon, 44740 Batz-sur-Mer
Tél. : 02 40 23 82 79

Morbihan

Musée d'histoire et d'archéologie
Château Gaillard
Rue Noë, 56000 Vannes
Tél. : 02 97 01 63 00

Musée de la résistance bretonne
Les Hardys Béhellec, 56140 Saint-Marcel
Tél. : 02 97 75 16 90

Musée de la Compagnie des Indes
Citadelle de Port-Louis
Avenue du fort de l'Aigle, 56290 Port-Louis
Tél. : 02 97 82 19 13

Alignements de Carnac
Maison des mégalithes
Le Ménec, 56340 Carnac
Tél. : 02 97 52 29 81

L'Univers du poète ferrailleur
Musée d'automates
La Ville Stephant, 56460 Lizio
Tél. : 02 97 74 97 94

Horloge astronomique de Ploërmel
Cour intérieure de la maison mère des Frères de La Mennais
Place La Mennais, 56800 Ploërmel
Tél. : 02 97 74 06 67

Bibliographie

Ouvrages

Balzac (Honoré de), *Béatrix*, 1839.

Châteaubriant (Alphonse de), *La Grande Brière*, Éditions Grasset, 1923.

Colignon (Jean-Pierre), *Ma Bretagne*, Éditions Jean Picollec, 2008.

Condamine (Pierre de La), *Le Combat des Cardinaux*, Éditions Le Bateau qui vire, 1982.

Guériff (Fernand), *Le Vieux Saint-Nazaire*, Éditions Jean-Marie Pierre, 1987.

Kervella (Divi), *Emblèmes et Symboles des Bretons et des Celtes*, « Les indispensables », Éditions Coop Breizh, 1998.

Le Nail (Bernard), *Explorateurs et grands voyageurs bretons*, Éditions Jean-Pierre Gisserot, 1998.

Letertre (Émile), *Piriac, hier et aujourd'hui*, Éditions des Paludiers, 1974.

Paumier (Jean-Yves), *La Bretagne pour les nuls*, Éditions First, 2011.

Péron (Jacques), *La Bretagne dans tous ses objets*, Éditions Hoëbeke, 1997.

Salmon-Legagneur Emmanuel (ouvrage collectif, sous la direction de), *Les Noms qui ont fait l'histoire de la Bretagne*, Éditions Coop Breizh et Institut culturel de Bretagne, 1997.

Wismes (Armel de), *Corsaires et Aventuriers bretons*, Éditions Jean-Pierre Gyss, 1986.

Journaux et revues

Ouest-France

Presse-Océan

Le Télégramme de Brest

Ar Men

Bretagne Magazine

Le Chasse-marée

Pays de Bretagne.

DU MÊME AUTEUR

Aux Éditions Albin Michel

Devenez un champion en orthographe (collectif), 2 vol., 2003.

Orthographe, trucs et astuces, 2003.

L'Orthographe, c'est logique !, 2003.

À nous les petits bonheurs !, dessins de Jacques Thomas, 2004.

Étonnantes étymologies, 2004.

La majuscule, c'est capital !, 2005.

Toute l'orthographe, avec Bénédicte Gaillard, Magnard / Les dicos d'or, 2005.

Toute la conjugaison, avec Bénédicte Gaillard, Magnard / Les dicos d'or, 2005.

Toute la grammaire, avec Bénédicte Gaillard, Magnard / Les dicos d'or, 2005.

Les Dictées de Bernard Pivot – L'intégrale ; Chroniques et jeux de Jean-Pierre Colignon, Les dicos d'or, 2006.

Du tac au tac !, 2008.

Curiosités et énigmes de l'histoire de France, 2008, réédition Le Livre de Poche, 2010.

Curiosités, jeux et énigmes de l'Histoire, 2013.

Chez d'autres éditeurs

Pièges du langage, avec Pierre-Valentin Berthier, 2 vol., Éditions De Boeck / Duculot, 1978.

Le français pratique, avec Pierre-Valentin Berthier, Éditions Solar, 1979.

Guide pratique des jeux littéraires, Éditions De Boeck / Duculot, 1979.

Le Lexique [puis Dictionnaire] du français pratique, avec Pierre-Valentin Berthier, Éditions Solar, 1981.

La Correspondance privée, Éditions Solar, 1982.

Lexique des « faux amis », avec Pierre-Valentin Berthier, coll. « Profil formation », Éditions Hatier, 1985.

Le Français écorché, avec Pierre-Valentin Berthier, coll. « Le français retrouvé », Éditions Belin, 1987.

La Ponctuation, art et finesse, Éditions Éole, 1988.

Ce français qu'on malmène, avec Pierre-Valentin Berthier, coll. « Le français retrouvé », Éditions Belin, 1991.

Testez vos connaissances en vocabulaire, coll. « Profil pratique », Éditions Hatier, 1991.

Bien écrire et parler juste (collectif), Sélection du Reader's Digest, 1992.

La Pratique du style, avec Pierre-Valentin Berthier, Éditions De Boeck / Duculot, 1996.

Testez vos connaissances en orthographe, coll. « Profil formation », Éditions Hatier, 1997.

Le Nouveau Savoir écrire, avec André Jouette, Éditions Solar, 2001.

Un point c'est tout ! La ponctuation efficace, CFPJ, réédition Victoires Éditions, 2004.

Difficultés du français, coll. « Mémo », Éditions Librio, 2004.

Les Accords parfaits, CFPJ, réédition Victoires Éditions, 2006.

De l'âne au coq – 200 jeux pour tester votre culture générale, avec Hélène Gest, Éditions de l'Archipel, réédition Marabout Poche, 2006.

Aïe, ail, aille ! Ma langue est malade, Éditions de l'Archipel, réédition Marabout Poche, 2008.

Ma Bretagne, illustré par Trez, Éditions Jean Picollec, 2007.

101 jeux Culture générale, avec Hélène Gest, Éditions Archipoche (l'Archipel), 2007.

101 jeux Langue française, avec Hélène Gest, Éditions Archipoche (l'Archipel), 2007.

101 jeux Logique, avec Hélène Gest, Éditions Archipoche (l'Archipel), 2007.

101 jeux Cinéma-télé, avec Hélène Gest, Éditions Archipoche (l'Archipel), 2009.

101 jeux France, avec Hélène Gest, Éditions Archipoche (l'Archipel), 2009.

101 jeux Histoire, avec Hélène Gest, Éditions Archipoche (l'Archipel), 2009.

Je n'aperçois qu'un P à apercevoir..., coll. « Les timbrés de l'orthographe », Les Éditions de l'Opportun, 2010.

101 fautes à ne plus jamais faire !, coll. « Les timbrés de l'orthographe », Éditions de l'Opportun, 2011.

Les Mots de tous les records, coll. « Les timbrés de l'orthographe », Les Éditions de l'Opportun, 2011.

« Tous les chemins mènent à Rome » … et 100 autres expressions pour faire le tour du monde, coll. « Les timbrés de l'orthographe », Les Éditions de l'Opportun, 2011.

Pour ne plus faire de fautes d'orthographe, coll. « Opportun Poche », Les Éditions de l'Opportun, 2012.

Le Grand Livre anti-faute d'orthographe, Les Éditions de l'Opportun, 2013.

Mémoriser et Apprendre l'orthographe par la logique et le raisonnement, Éditions Ellipses, 2013.

Ouvrage publié sous la direction de Laure Paoli et d'Anne-Laure Schneider

Réalisation éditoriale : Véronique Galland
Relecture et corrections : Béatrice Marchand
Conception graphique : Stéphanie Le Bihan

Impression CPI Bussière en mars 2014
à Saint-Amand-Montrond (Cher)

Éditions Albin Michel
22, rue Huyghens, 75014 Paris
www.albin-michel.fr

ISBN : 978-2-226-25050-6
N° d'édition : 21093/01. – N° d'impression : 2008311.
Dépôt légal : avril 2014.
Imprimé en France.